革命文物理论与法规概论

李晓东　著

文物出版社

图书在版编目（CIP）数据

革命文物理论与法规概论／李晓东著. --北京：
文物出版社，2024.12. -- ISBN 978-7-5010-8561-3

Ⅰ. K871.6；D922.16

中国国家版本馆 CIP 数据核字第 2024XF2676 号

革命文物理论与法规概论

著　　者：李晓东

责任编辑：贾东营
封面设计：王文娴
责任印制：张　丽

出版发行：文物出版社
社　　址：北京市东城区东直门内北小街 2 号楼
邮　　编：100007
网　　址：http://www.wenwu.com
邮　　箱：wenwu1957@126.com
经　　销：新华书店
印　　刷：宝蕾元仁浩（天津）印刷有限公司
开　　本：880mm×1230mm　1/32
印　　张：7.5
版　　次：2024 年 12 月第 1 版
印　　次：2024 年 12 月第 1 次印刷
书　　号：ISBN 978-7-5010-8561-3
定　　价：58.00 元

前　言

  革命文物是中国近现代文物的重要组成部分，是中国革命历史进程的重要见证，是不可再生的革命文化资源。在新时代，党中央、国务院对文物保护利用作出了一系列重要决策部署，进一步加强革命文物保护、传承、弘扬。这些年来，笔者在习近平新时代中国特色社会主义思想指导下，以习近平同志关于文物工作重要指示批示为遵循，在党史学习过程中，结合革命文物及其保护利用实际，深度思考一些问题。在此基础上，撰写了一些研究文章，其中分别论述：革命文物见证中国特色道路、文物理论体系、文物保护制度体系、革命文物理论创建发展、革命文物年代论、革命文物学科建设、革命文物法规创建发展历程、革命文物专门法规建设模式、文物作用和文物利用历史发展与关联性等。其中有些文章尚未刊发，现收集在一起，同时整理了一些有关资料，一并收入，结集为《革命文物理论与法规概论》，现由文物出版社出版。对文物出版社领导、编辑的大力支持，彭蕾博士在整理书稿时的大力帮助，在此，一并致以衷心谢忱！

李晓东

2023 年 9 月 23 日

目 录

革命文物见证中国特色道路……………………………………… 1

中国保护近现代文物理论与实践………………………………… 7

在"革命文物概念研究专家座谈会"上发言提纲 ………… 24

革命文物理论创建发展与学科建设的几个问题 …………… 26

革命文物年代论 ………………………………………………… 37

革命文物保护利用与跨学科研究 ……………………………… 45

关于抗战文物的几个问题

　　——在少数民族抗战文物调研座谈会上的发言（提纲）…… 52

革命文物概念孕育发展内容辑注 ……………………………… 56

文物学科理论体系述略 ………………………………………… 61

例述文物保护制度创建和发展 ………………………………… 69

文物保护制度体系构架 ………………………………………… 72

革命文物保护法规创建发展述略 ……………………………… 78

记录革命文物保护法规创建发展历程………………………… 100

革命文物专门法规建设的思考………………………………… 124

文物作用和文物利用建设的初创……………………………… 140

文物作用和文物利用建设的发展……………………………… 144

文物作用和文物利用建设的新时代 ················· 149

给文物划定一百年以上限制的是革命文物 ············ 154

关于删除《文物保护法（修订草案）》送审稿"其他
　一百年以上的实物"的意见 ················· 158

一份珍贵史料文物和革命文物定义述评 ············· 163

文物工作主要特点
　　——《文物工作实践与思考》序 ············· 173

记录文物法律教育开创与发展历程 ················ 176

附录：

《中国文物地图集》编制细则 ················· 195

作者小传 ······························· 213

革命文物见证中国特色道路

　　革命文物是中国近代现代文物的重要组成部分。它记载着中国革命斗争历程，见证了中国特色革命道路持续创新发展，是中国重要的革命文化资源，在建设现代文明和中国式现代化中具有重要价值和意义。

　　1840年，是一个时代的重要节点，是中国近代史的开端。1840年，开启了中国人民反对英国等帝国主义侵略，反对封建君主专制，争取民族独立、人民民主和解放道路的伟大斗争。在长达半个多世纪的斗争中，产生和形成了大量可移动和不可移动革命文物，诸如，虎门销烟、金田起义、武昌起义，辛亥革命推翻封建君主制，建立中华民国，一系列的革命遗址、旧址和实物，见证了中国旧民主主义革命时期的革命斗争道路。

　　俄国十月革命一声炮响，给中国送来了马克思列宁主义。五四运动开启了中国新民主主义革命斗争。1921年，中国共产党成立，是中国近代革命划时代的大事件。五四运动、五卅运动旧址，中国共产党第一次全国代表大会（上海、浙江）、二大（上海）、三大（广东广州）、四大（上海）、五大（湖北武昌）会议旧址，是这一划时代革命事件的见证，从此，中国革命由中国共产党领导，开创了一条新的革命道路。

1927年，中国共产党领导了八一南昌起义、秋收起义等武装起义，建立了中国共产党领导的武装力量。毛泽东、朱德率领部队在井冈山会师，开创了中国共产党领导的井冈山革命根据地。在土地革命战争时期，中国共产党领导创建、开辟了瑞金中央苏区、湘鄂西、海陆丰、鄂豫皖、琼崖、闽浙赣、湘鄂赣、湘赣、左右江、湘鄂川黔、川陕、陕甘等革命根据地，开展土地革命斗争。在瑞金，建立了中华苏维埃共和国临时中央政府①。这个时期，各革命根据地在革命斗争中产生、形成大量的各类革命文物，记载了土地革命斗争历程，其核心是把马克思主义与中国实际相结合，创造性地开辟了以农村包围城市、夺取城市、建立全国政权的革命道路。它不同于有的国家从城市起义夺取政权的道路。当时的中国是半殖民地半封建社会，把马克思主义基本原理与中国具体实际相结合，就是打倒帝国主义、封建主义和官僚资本主义，即推翻三座大山，建立新中国，主要内容包括打土豪、分田地，实行耕者有其田；建立没有剥削、没有压迫、人人平等、民主自由、人民当家作主的国家。中国共产党用中国化的马克思主义话语体系，把宣传共产主义和推翻三座大山、建立新中国紧密结合起来，表达这一政治理想信念，动员和组织群众，极具吸引力和凝聚力，前

---

① 中央宣传部等：《关于公布〈革命文物保护利用片区分县名单（第一批）〉的通知》，文物出版社，2021年。

赴后继，为之英勇奋斗。这个时期的毛泽东著作，如《星星之火，可以燎原》等就是这一理想信念的代表作。这个时期丰富的革命文物及其博大精深的思想文化内涵，见证了马克思主义基本原理与中国具体实际相结合的中国特色革命道路，奠定了中国特色革命道路的基调。

1934 年 10 月，中国共产党领导的中国工农红军，突破国民党军队围剿，踏上战略转移的漫漫长征路。1935 年 1 月，中共中央在贵州遵义召开政治局扩大会议，集中解决当时具有决定意义的军事和组织问题。这次会议的决定，确立了毛泽东在党中央和红军的领导地位，开始确立了以毛泽东为代表的马克思主义基本原理与中国具体实际相结合的正确路线在党中央的领导地位，是红军长征和中国革命胜利的根本保障。在长征中，中国共产党领导的工农红军，在一系列战役战斗中，英勇顽强，突破国民党军队和地方武装的围追堵截，胜利到达陕北，完成了中国乃至世界史上前所未有的英雄壮举。红军长征，途经江西、福建、广东、湖南、湖北、广西、贵州、重庆、四川、河南、云南、甘肃、青海、宁夏等广大地区①。中国共产党领导的红军长征，是宣言书、宣传队、播种机，在长征中产生和形成的各类革命遗址、旧址以及各种实物，充分见证了中国共产党及其领导的红军的坚强、果断、团结、勇敢、耐力和韧性，见证了马克思主义基本原理与中国具体实际相结

---

① 中央宣传部等：《关于公布〈革命文物保护利用片区分县名单（第二批）〉的通知》，文物出版社，2021 年。

合革命路线的正确实践，见证了中国共产党及其红军坚持马克思主义中国化的理想信念，唤起民众，播撒革命种子，开启中国特色革命道路新局面的伟大征程。

抗日战争时期，中国人民进行了长达 14 年（1931～1945年）反对日本帝国主义侵华战争。在这一艰苦卓绝的抗日斗争中，中国共产党是实行抗日民族统一战线、坚持全民抗战的中流砥柱。中国共产党领导的八路军、新四军等抗日武装，深入敌后，先后创建、开辟了陕甘宁、晋绥、晋察冀、冀热辽、冀鲁豫、晋冀豫、山东、苏中、苏南、淮北、淮南、皖中、浙东、广东、琼崖、湘鄂赣、鄂豫皖、河南等抗日根据地，广泛开展抗日斗争，打击日本侵略者①。中国共产党领导的抗日斗争，最重要的特点是坚持群众路线，深入宣传发动群众、组织群众、武装群众，广泛开展抗日游击战争，战略上坚持持久战，贯穿着中国共产党一切从实际出发、实事求是的思想路线。抗战时期各抗日根据地党和部队的领导机关，其驻地大都在农村，抗战斗争大都在城镇和农村广大地区，应是中国特色革命道路在抗战中的发展和实践。抗战时期各种革命文物，记录了抗战历程，其丰富内容和深邃内涵，突出地见证了这个时期马克思主义中国化思想理论的科学性、合理性，它集中体现

---

① 中央宣传部等：《关于公布〈革命文物保护利用片区分县名单（第一批）〉的通知》，文物出版社，2021 年。中央宣传部等：《关于公布〈革命文物保护利用片区分县名单（第二批）〉的通知》，文物出版社，2021 年。

于毛泽东一系列著作，如《论持久战》等；突出地见证了中国共产党强大的领导力、超强的凝聚力、严密的组织实施力，是取得抗日战争伟大胜利的重要保障。

中共中央在全面抗战和解放战争初期，长驻延安，延安是中国革命中心。在解放战争初期，人民解放军与国民党军队进行的战役战斗，大都在中小城市和广大农村地区进行。随着战争形势发展，中共中央和毛泽东东渡黄河，来到河北省平山县西柏坡村，指挥全国解放战争。在西柏坡驻地，毛泽东和中央军委指挥了著名的辽沈、淮海、平津三大战役，在战略决战的闻名于世的三大战役中，中国人民解放军取得了完全胜利，战争形势从根本上发生了变化。随着政治、军事形势的发展，毛泽东主席和朱德总司令发布向全国进军、消灭国民党反动派、解放全中国的命令，将革命进行到底！人民解放军百万雄师横渡长江，解放南京、上海、广州……向大西南、大西北进军，……横渡琼州海峡，解放海南岛，完成了中国大陆全部解放的历史使命。在解放战争中，党和部队领导机关驻地和三大战役、渡江战役……各个战役战斗的遗迹、遗址、旧址及实物等革命文物，见证了中国革命的胜利，是中国共产党坚持了创造性地把马克思主义与中国实际相结合的中国特色道路，同时经革命实践进一步证明它是科学的合理的正确的道路；是中国共产党以毛泽东为代表的正确路线的胜利；是马克思主义中国化的毛泽东思想的伟大胜利。

1949 年 10 月 1 日，中华人民共和国成立，中国人民从此站起来了！中国历史开启新纪元，中国共产党领导各族人民继承、弘扬革命传统，建设独立自主、繁荣昌盛的新中国，开启创新中国特色社会主义革命、建设道路的伟大实践。经过三年经济恢复，开始有计划的社会主义经济建设，在工业、农业、国防、科技等领域实施一系列重要建设工程。经过几个五年计划，完成了数以百计的重要建设项目，包括"两弹一星"研制成功重大尖端成果。改革开放，建设中国特色社会主义国家取得重要发展。新时代，中华民族伟大复兴取得重大成绩，正在努力建设中国式现代化，中国特色社会主义建设事业不断发展、繁荣。习近平新时代中国特色社会主义思想是马克思主义中国化最新成果，是中国特色社会主义建设、发展的指导思想和遵循。新中国 70 多年革命、建设中产生和形成的典型性、代表性实物和革命文物，见证了中国特色社会主义道路发展历程。

2023 年 6 月 11 日

中国保护近现代文物理论与实践①

提要：中国共产党保护与其同一个时代的历史文化遗存，可追溯到 20 世纪 30 年代。新中国成立后，中央人民政府政务院提出"革命文物"概念，在以保护革命文物为主导的年代，也不同程度地开展其他近现代文物的保护工作。解放思想和改革开放，促使近现代文物保护工作全面展开，并取得重要成绩。

中国近现代文物保护肇始于 20 世纪 30 年代。新中国成立后，中央人民政府政务院提出"革命文物"概念，加大了对革命文物保护力度。在以保护革命文物为主导的年代，也不同程度地开展了其他近现代文物保护工作。随着解放思想和改革开放，从保护理念到保护实践都不断发展，保护近现代文物（不可移动文物和可移动文物）范围和种类不断扩大和增加，近现代文物研究、一些文物大型工具书编纂、文物法制建设等

---

① 原载《中国文物科学研究》2008 年第 3 期，后收入《文物保护理论与方法》，故宫出版社，2012 年。附：简要说明。

方面都作出相应调整，促使近现代文物保护工作全面展开，并取得了重要成绩。

一、保护同一个时代纪念物

中国共产党在领导中国人民进行革命斗争，创建苏区、革命根据地、边区的时候，就重视保护古迹、古物和有纪念意义的纪念物等，还创建纪念馆，开展保护纪念物品和陈列宣传。例如：1937年，中共中央革命军事委员会主席毛泽东、总司令朱德发出征集红军历史资料的通知，指定徐梦秋、张爱萍、陆定一、丁玲、吴奚如、舒同、甘泗淇、傅钟、黄镇、萧克、邓小平等11人为红军历史编辑委员会委员，徐梦秋为主任。征集项目有：历史——各部红军的产生和发展；战史——各个战役和重要战斗；长征史——片段的或全部的回忆；史略——牺牲同志的传记或红军的故事；报纸——各种大报小报；宣传品——传单标语宣言等；书籍——新编的翻印的铅印的或油印的；图书——旧存的或新的；剧本活报——过去印出的或补录的；日记——机关和私人的；歌曲——过去的各种歌曲土调山歌；相片——旧摄的或新摄的；纪念品——牺牲同志的或自己的；文件——过去一切决议、命令、通知、报告……法令——红军的或苏维埃的。① 征集项目中，有许多是同一个时代的纪念物。

1947年，东北行政委员会在哈尔滨筹建"东北抗日暨爱

---

① 艾克思：《延安文艺运动纪盛》。转引自李晓东：《中国文物学概论》，河北人民出版社，1990年。

国自卫战争牺牲烈士纪念堂"，征集保护抗日民族英雄、革命烈士遗物，后改为"东北烈士纪念馆"，1948年10月10日开馆。这些遗物也是纪念物。

1948年4月23日南京解放，中国人民革命军事委员会主席毛泽东发电报，要求部队"注意保护南京的孙中山陵墓，对守陵人员给予照顾"。① 孙中山陵墓是不可移动的纪念建筑物。同时，毛泽东还要求解放军保护与重要历史人物有关的建筑物，在同年5月，电令解放军指挥机关"在占领奉化时，不要破坏蒋介石的住宅、祠堂及其他建筑物。"②

从上述事例来看，1937年通知要求征集、保护的纪念物，大都是同一个时代或同一个时期革命过程中产生的物品，东北烈士纪念馆征集、保护的遗物也是如此。它们在战争年代，由于环境残酷，历经磨难，保存下来实属不易，已具有典型性和代表性，具有历史纪念意义和价值。同样，保护孙中山陵墓是保护不可移动的纪念建筑物。中山陵和蒋氏故居分别于1961年和1996年由国务院公布为全国重点文物保护单位。从当时的立场和史观出发，它们都是当代，或同一个时代的纪念物和建筑物，反映了中国共产党保护同一个时代纪念物和建筑物的历史观，体现了一种先进的观念和价值观。保护同一个时代的文化遗存，是对它们的历史定位，富有开创性。它表明中国共

---

① 国家文物局编：《中华人民共和国文物博物馆事业纪事1949—1999》，文物出版社，2002年。

② 同上。

产党不仅注意保护古迹古物，同时也注意保护同一个时代（当代）纪念物、建筑物等。它不以年限比如100年或50年为标准，而是以价值为标准认定保护对象。这一新的观念和价值取向，开辟了中国保护同一个时代（当代）文物的先河。上述纪念物和中山陵等建筑物，从现在看都是近代可移动文物和不可移动文物。这种保护观念和实践，在世界保护文化遗产的历史上是罕见的，具有鲜明的时代特点和中国特色，对中国近现代文物保护产生了深远而重大的影响。

二、保护革命文物

中国共产党经过28年的革命斗争，1949年10月1日建立中华人民共和国，开辟了中国历史发展的新纪元，文物保护也进入一个新的时代。

1950年6月16日，中央人民政府政务院"为征集革命文物"颁发政务院令，为中国革命博物馆筹备处征集一切有关革命的文献与实物。其中：一是关于革命文物时代范围，即"革命文物之征集，以五四以来新民主主义革命为中心，远溯鸦片战争、太平天国、辛亥革命及同时期的其他革命运动史料"。二是关于革命文物的种类，即"凡一切有关革命之文献与实物如：秘密和公开时期之报章、杂志、图画、档案、货币、邮票、印花、土地证、路条、粮票、摄影图片、表册、宣言、标语、文告、年画、木刻、雕像、传记、墓表；革命先进和烈士的文稿、墨迹及用品，如：兵器、旗帜、证章、符号、印信、照相、衣服、日常用具等；以及在革命斗争中所缴获的反革命文献和实物等，均在征集之列"。在此后数年间，各地为中国革命博物馆征集了大量可移动的革命文物，保证了该馆在中华人民共和国成立十周年时内部预展。

在政务院"为征集革命文物"令中，明确了革命文物的时代范围和革命文物的种类或类别，革命文物指的都是可移动文物，没有涉及不可移动文物，也就是说"革命文物"概念尚未包括不可移动文物。在此后的政务院或文化部等保护文物的文件中，又提出了"革命遗址""革命遗迹""革命文物遗迹""革命史迹""革命纪念建筑""革命纪念建筑物"等概念，一方面反映了国家对革命遗迹保护的重视，另一方面也反映了这些概念范围、内涵的差别，尚处于不断研究、规范之中。

例如：1950 年 7 月 6 日，中央人民政府政务院在《关于保护古文物建筑的指示》中，提出"革命遗迹"及其原有附属物，"应加意保护，严禁毁坏"。1951 年 5 月 7 日，文化部、内务部令所附《关于管理名胜古迹职权分工的规定》和《地方文物管理委员会暂行组织通则》中分别提出了"革命史迹"和"革命遗迹"。

1953 年中央人民政府政务院在《关于在基本建设工程中保护历史及革命文物的指示》中，明确指出："各级人民政府对历史及革命文物负有保护职责，应加强文物保护的经常工作。""具有重大历史意义的地方古迹及革命纪念建筑物，应予保护。"在政务院这一指示中，"革命文物"包括了"革命纪念建筑物"，也就是包含了不可移动文物，成为一个既包含不可移动文物，又包含可移动文物的上位概念。不仅如此，"革命文物"在《指示》中是与历史文物概念相对应的一个概念。这样在文物保护实践中出现了不同的结果，其中重要的一种是把"革命文物"和"历史文物"这对概念从实质上理解为近现代文物和古代文物，由于"革命文物"概念和内涵的特殊性和主导性，甚至上升为一种意识形态，在比较长的时间内主导了近现代文物的保护工作。

在保护革命遗迹、纪念建筑物方面，国务院1956年4月2日在《关于在农业生产建设中保护文物的通知》中指出："一切已知的革命遗迹、古代文化遗址、古墓葬、古建筑、碑碣，如果同生产建设没有妨碍，就应该坚决保护。"同时要求在公布文物保护单位时，将已知的重要革命遗迹和纪念建筑物列入名单。在此后两年左右时间，各省、自治区、直辖市人民委员会公布的文物保护单位中，列入了一批革命遗迹和纪念建筑物。

1961年3月4日，国务院公布了第一批全国重点文物保护单位，共180处，其中第一类"革命遗址及革命纪念建筑物"有33处，在时代栏明确写明年代为1900年至1958年的24处，加上北大红楼和鲁迅墓共26处，都是20世纪不可移动文物。它是继1956—1957年各省、自治区、直辖市政府公布的文物保护单位中有一批20世纪不可移动文物之后，由中央人民政府依据文物行政法规规定从国家层面公布重点保护的重要的20世纪不可移动文物。

"革命文物"概念是新中国成立后在文物保护领域提出的

一个新概念，它的内涵和实质是对上述 1937 年通告和毛泽东主席电令等内容和实质的延伸和扩大，既含纪念物，又包含革命遗迹，是在中国共产党领导的新民主主义革命取得伟大胜利，建立了新中国之后，由中央人民政府政令提出的概念；是把由中国共产党提出并践行的保护纪念物和纪念建筑物的观念，转化为由中央人民政府提出，并成为国家保护革命文物的国家行为；是对近代现代具有革命意义和重要价值，见证中国人民反对和推翻帝国主义、封建主义和官僚资本主义的遗迹遗物进行新的历史定位，即国家的、中央人民政府法令下的定位。

"革命文物"概念的提出，其范围和内涵的扩大，和保护实践，有着重要意义和影响。主要有：

（一）保存和保护了大批具有重大革命意义和重要价值的不可移动和可移动文物，它们是近现代文物的重要组成部分。这些革命文物是中国人民进行艰苦卓绝的革命斗争，特别是在中国共产党领导下经过 28 年奋斗，取得革命胜利，建立了新中国的历史见证，见证了革命斗争的历史进程，特别是不可移动文物如革命遗址和革命纪念建筑物等等，是一座座纪念碑，是见证一百多年历史进程的一个个标志。保护它们，是进行爱国主义和革命传统教育最形象、生动的实物教材，让子孙后代永受教育，牢记历史，面向未来。

（二）用法令形式确立了保存同一个时代或同一个时期文物的重要观念。这是新中国成立之前保护同一个时代或同一个时期纪念物观念的发展，内涵的进一步丰富。保护的革命文物中，可移动文物部分中有同一个时代或同一个时期的纪念物等物品，不可移动文物部分中也有同一个时代或同一个时期的纪念建筑物等。例如，1960年文化部、对外贸易部关于文物出口鉴定标准的几点意见中，第二条原则是"革命文物，不论年限原则上一律禁止出口"。第五条原则是"凡属社会主义革命和建设时期，具有高度的政治意义和艺术水平的艺术创作、原手稿等原则上禁止出口"。这些原则中既包含革命文物，又包含其他文物，都是保护同一个时代或同一个时期的重要文化遗物，防止其外流。在不可移动文物中，1961年国务院公布的第一批全国重点文物保护单位中，有两处是同一个时代（当代）或同一个时期的革命纪念建筑物，一处是中苏友谊纪念塔，另一处是人民英雄纪念碑，前者年代是1957年，后者年代是1958年，距国务院公布为全国重点文物保护单位的时间也只有四年和三年。由中国政府依据行政法规公布保护同一个时代的重要文物，是一个全新的科学理念。它不是以一百年或五十年为标准认定文化遗存，而是以同一个时代或同一个时期遗存的价值作为标准认定，这是一种先进的价值观和科学的方法论。中国的这一保护观念和保护实践，富有远见卓识，是对保护人类文化遗产的一项重大贡献。

（三）保护同一个时代或同一个时期文物观念的法规化。理念引导制度构建。上述文化部、对外贸易部关于文物出口鉴定标准的规范性文件中，对同一个时代或同一个时期的文物的保护作出了规定。国务院1961年3月4日公布的《文物保护管理暂行条例》，是新中国制定、公布的第一个综合性保护文物的行政法规，明确规定"国家保护的文物的范围"有"与重大历史事件、革命运动和重要人物有关的、具有纪念意义和史料价值的建筑物、遗址、纪念物等"，有"革命文献资料"等。同时规定有："各时代有价值的艺术品、工艺美术品"，"反映各时代社会制度、社会生产、社会生活的代表性实物"。这里的"各时代"应当包含近代和现代（当代）。"条例"的这些规定在以后的《中华人民共和国文物保护法》中予以继承和发展。法规对文物认定的规定，把保护同一个时代或同一个时期文化遗存的科学观念法规化，以至后来的法律化，用法律法规保障对同一个时代或同一个时期文化遗存的保护。

保护同一个时代文物的理论，是一种富有中国传统文化特色的保护理论，对保护人类文化遗产已经和继续产生重大影响。

三、保护近现代文物

革命文物是近现代文物中的重要组成部分，在比较长的时期内，保护革命文物工作主导了对近现代文物的保护，取得了十分辉煌的成绩。但同时，在客观上也影响了对革命文物包括革命遗址和革命纪念建筑物等以外的大量的种类繁多的近现代文物的保护，这也是不争的事实，我们必须客观地看待这个问题。不能说在法规和规范性文件中没有对革命文物以外的近现代文物保护作出规定，在文物保护实践中也没有开展保护工作。我们应当实事求是进行研究、总结，才可获得与时俱进的坚实基础。

实际上，在保护革命文物的同时，对近现代一些领域的文物也进行了不同程度的保护，不论从法规规定，还是从保护实践上都是如此。

（一）法律法规规定

1950 年 5 月 24 日，中央人民政府政务院令颁发的新中国第一个保护文物法令《禁止珍贵文物图书出口暂行办法》中，禁止出口的文物图书中就有近代的革命文物和其他文物，如"革命文献及实物"，"前代画家之各种作品……以及前代具有高度艺术价值之绣绘、织绘、漆绘"，具有历史价值之图书、档案、名人书法、墨迹等。这些文物在文化部、对外贸易部公布的"文物出口鉴定参考标准"中，进一步作出具体规定，如：在出口文物鉴定标准的原则中规定"以一九四九年为主要标准线，凡在一九四九年我国人民革命胜利以前制作、生产或出版的具有一定历史、科学和文化艺术价值的文物、图书原则上一律禁止出口"，"革命文物，不论年限原则上一律禁止出口"，"少数民族文物，一九四九年以前生产的暂时一律不出口"，"凡属于社会主义革命和建设时期，具有高度的政治意义和艺术水平的艺术创作、原手稿等，原则上禁止出口"。这些原则包括的可移动文物范围很广，其中既有近现代革命文物、近代少数民族文物，又有现代（当代）艺术创作和原手稿等文物。在文物出口鉴定参考标准的列表中，列出了许多不准出口的革命文物以外的近代文物，如：绘画之国画中一切肖像、影像、风俗画、战功画、纪事图、行乐图等，油画、水彩画、速写画；拓片；铭刻中书版、画版包括年画版、门神版；

图书之图谱中包括一切木刻印刷或绘制的天文图、舆地图、水道图、水利图、道里图、边防图、盐场图、战功图等；货币中钱范之近代各种硬币铜模、钞、版；器具中著名艺人使用过的乐器；民间艺术中玩具、风筝、走马灯等；文具中的墨；戏剧道具品中的唱片；工艺美术品中玻璃油画之肖像画、风俗画；等等，1949年以前的一律不出口。这一文物出口鉴定标准确立的原则和参考标准中文物种类等，经过40多年的实施，在防止文物外流、非法出口方面发挥了重大作用。同时需要继续发展和完善，以适应新的形势和保护文物的需要，国家文物局已公布了经过修订的《文物出境审核标准》，从2003年5月13日起实施。新的标准继承了1960年标准的原则精神，在文物种类和年限上作了调整，保护范围和力度更大，禁止出口文物的年代下限划定在1966年。

保护近现代文物法律法规规定，在文物保护实践中不断发展和丰富。1961年国务院公布《文物保护管理暂行条例》，它是新中国文物保护实践经验总结和法规建设的新成果。其中规定保护文物的范围有"与重大历史事件、革命运动和重要人物有关的、具有纪念意义和史料价值的建筑物、遗址、纪念物等"，"各时代有价值的艺术品、工艺美术品"，"革命文献资料以及具有历史、艺术和科学价值的古旧图书资料"，"反映各时代社会制度、社会生产、社会生活的代表性实物"。需要解读的是，"各时代"应当包括近代和现代（当代）。"社会制度、社会生产、社会生活"是综合性的、高度概括的，包含的方面十分广泛，种类众多，其中包括了近代和现代（当代）

社会制度、社会生产、社会生活的代表性实物，即文物。

《条例》规定的保护文物的范围，在1982年11月19日公布实施的《中华人民共和国文物保护法》中得到了全面继承，在2002年10月28日公布实施经修订的《中华人民共和国文物保护法》中作了进一步完善，如原法第二条第二项规定："与重大历史事件、革命运动和著名人物有关的，具有重要纪念意义、教育意义和史料价值的建筑物、遗址、纪念物。"修订为："与重大历史事件、革命运动或者著名人物有关的以及具有重要纪念意义、教育意义或者史料价值的近代现代重要史迹、实物、代表性建筑"。这一修订的关键是"近代现代重要史迹、实物、代表性建筑"，把近代和现代（当代）各个领域、各个类别和各个种类的不可移动文物都包括进去，为依法保护提供了重要法律依据。同时，经修订的《中华人民共和国文物保护法》第二条规定，为保护包括革命文物在内的近现代可移动文物提供了法律保障。为了加强对近现代可移动文物征集、保护和对近现代一级文物藏品鉴定工作，国家文物局制定、印发了《近现代文物征集参考范围》和《近现代一级文物藏品定级标准（试行）》，自2003年5月13日起施行。征集近现代文物分为七个大的方面，以及若干具体领域，七个大的方面是："一、反映中国近现代社会历史变革及有关社会历史发展的文物。""二、反映中国近现代政治、经济、军事、科技、教育、文化、卫生、体育、宗教等方面发展的文物。""三、反映中国近现代各民族的社会发展及民族关系、民族团结、民族自治、维护祖国统一等方面的文物。""四、反映中国近现代各民族的生产活动、生活习俗、文化艺术和宗教信仰等方面的文物。""五、反映近代以来中国人民反抗剥削压迫的重大事件和重要人物的文物。""六、反映近代以来中国人民抵御外侮、反抗侵略的重大事件和重要人物的文物。""七、反映近代以来中外关系、友好往来和政治、经济、军事、科技、文化、艺术、卫生、体育、宗教等方面相互交流的文物。"它将指导近现代可移动文物征集、保护工作全面发展。

（二）保护与研究

1978 年党的十一届三中全会以后，随着思想解放和改革开放，在文物界对革命文物与近现代文物的关系的研究不断深入，认识进一步明确，有关保护近现代文物工作实践也不断加强，发展迅速，成绩显著，其中包括保护 20 世纪不可移动文物和可移动文物所取得的重要成绩。

我国博物馆和纪念馆是调查、征集、研究、保护近现代可移动文物的主要机构，长期以来它们征集、收藏了大量近现代馆藏文物，并进行了保护、研究。据国家文物局不完全统计，"目前全国收藏、展示 1840 年以来的近现代文物（含革命文物）的博物馆、纪念馆已达 400 多所，征集、保管近现代文物 50 多万件，举办丰富多彩的陈列展览和宣传教育活动，在社会主义政治文明、精神文明和物质文明建设中发挥了重要作用"①。

---

① 国家文物局关于印发《近现代文物征集参考范围》和《近现代一级文物藏品定级标准（试行）》的通知。

20 世纪 80 年代以来，新成立的民族博物馆征集、保管了一批少数民族文物，民俗博物馆征集、保管了大量民俗文物，它们是近现代文物的组成部分。近些年来，有的省开展了收藏社会主义建设时期文物的活动，有的省开展了"为了明天，收藏今天"的活动，征集、保管了大量新中国建立以来的文物和实物资料，保护了数以万计同一个时代或同一个时期的文物。它们都是 20 世纪可移动的文化遗产。

近现代文物研究不断加强和深入，特别是改革开放以来的研究，为近现代文物学科建设和文物保护提供了支撑。从事近现代文物保护、研究人员发表了大量文章和专著。20 世纪 90 年代初，国家文物局组织近现代文物专家，用了将近 8 年的时间，对全国近现代文物藏品中一级品进行了认定。这是一项科研工作，其成果是科研成果。近来，肖贵洞先生提出了《近现代文物要研究的 100 个课题》。①

在 20 世纪 80 年代，笔者在撰写《中国文物学概论》时，在一些部分使用"近现代文物"概念，如在文物调查与普查一节中，写了古代文物和与之对应的近现代文物。② 在 2005 年出版的拙著《文物学》中，专门有一章写近现代文物，下设四节：近现代文物范围与种类，近现代不可移动文物，近现

---

① 肖贵洞：《近现代文物要研究的 100 个课题》，刊于《中国文物科学研究》，2008 年第 1 期。

② 李晓东：《中国文物学概论》，河北人民出版社，1990 年。

代可移动文物，少数民族文物与民俗文物。① 笔者在为《中国大百科全书·文物博物馆》撰写"文物概论"条目释文时，也使用"近现代文物"概念。在这些著述中，都是把革命文物包括革命遗址和纪念建筑物作为近现代文物的重要组成部分。在大百科"文物卷"中，由黄景略先生任分支主编的全国重点文物保护单位分支，在分类中使用了"近现代遗址及纪念建筑物"分类名称，把革命遗址及革命纪念建筑物纳入近现代文物范畴。②

20 世纪 80 年代，根据国务院通知，我国开展了第二次全国文物普查，"在各级政府的领导下，由于社会各界的大力支持，广大文物考古工作者的辛勤工作，这次文物普查取得了前所未有的成绩。为了对历次文物调查的成果进行系统整理和科学总结，国家文物局决定编辑出版一套《中国文物地图集》"（引自《中国文物地图集·前言》）。为了编辑出版好国家文物局主编的这套图集，由《中国文物地图集》编辑委员会制定了《中国文物地图集》编制细则（以下简称"细则"），经国家文物局批准，作为编辑整套图集的准则。在"细则"（1993 年修订稿）中将不可移动文物分为七大类二十二小类，其中 E 类为"近现代重要史迹"，包括："革命史迹""其他重要史迹（包括与重要历史人物或事件有关的遗址、旧址、建

---

① 李晓东：《文物学》，学苑出版社，2005 年。
② 中国大百科全书总编辑委员会文物、博物馆编辑委员会：《中国大百科全书·文物博物馆》，中国大百科全书出版社，1993 年。

筑、宅邸、石刻、墓葬等和著名的店铺、工厂、洋行、银行、教堂、学校等）"；F类为"近代现代代表性建筑"，包括："中国各民族（指国务院公布的56个民族）的民族风格建筑（如风雨楼、鼓楼、清真寺、喇嘛寺、围楼等）"，以及"外国风格及中外结合风格的建筑"。《中国文物地图集》是一部专业性、学术性大型工具书，是重要学术成果。按照"细则"收录的近现代不可移动文物，包括了20世纪重要文化遗存，包括了近现代重要工业、金融、商业等文化遗存。在《中国文物地图集》天津分册、上海分册中，近现代各类不可移动文物得到充分反映，是近现代文物研究的重要成果。《中国文物地图集》为文物保护提供了重要科学依据。

在保护近现代不可移动文物实践中，重要措施之一是公布文物保护单位。公布文物保护单位是中国保护不可移动文物模式，是中国保护文物理论特色之一。在全国重点文物保护单位、省级文物保护单位和市县级文物保护单位中，都有一批近现代不可移动文物；在依法保护管理中，要做到"四有"，在维修、修缮时要保持原状，国有文物保护单位不得作为企业资产经营等。

公布文物保护单位时对近现代不可移动文物分类名称的调整，体现了研究成果和观念更新。在国务院1996年公布第四批全国重点文物保护单位时，把以前用的"革命遗址及革命纪念物"分类名称，调整为"近现代重要史迹及代表性建筑"，在分类顺序上从第一位调整为第五位，即按历史时代顺序，先为古代，后为近现代，符合唯物史观。以后，国务院公布的第五批和第六批全国重点文物保护单位，沿用了这一分类及排序。近现代不可移动文物保护的规范性、科学性进一步加强。

附：简要说明

之所以把《中国保护近现代文物理论与实践》一文，收入《革命文物理论与法规概论》一书，主要考虑：一、革命文物从年代学上来讲，属于中国近代现代（当代）即1840年以来的年代范畴。二、革命文物从性质（政治）属性来讲，属于近代现代（当代）文物中的革命文物类。换言之，近代现代（当代）文物按属性归类时，应当科学分类。总之，是意在说明它们之间在逻辑上和文物学中的关系。

在"革命文物概念研究专家座谈会"上发言提纲^①

一、什么是革命文物

革命文物是中国人民在近代反对内外敌人，争取民族独立、生活幸福的历次革命斗争中和在当代保护国家安全等斗争中产生和形成的文化遗存。

二、革命文物范围

1. 时代范围：近代和现代（当代）的革命文物，是近现代文物中的重要组成部分。

2. 种类：总的可分为不可移动和可移动革命文物两大类。

3. 内容：历次革命斗争，如辛亥革命、北伐、反"围剿"、长征、抗日战争、解放战争等革命斗争中产生和形成的具有时代和内容特征文物；国家安全应以习近平总书记总体国家安全观为指导所确定的一些方面的内容所进行的斗争中产生和形成的文物。（国家安全建设与保卫国家安全斗争应区别）

4. 1950 年 6 月 16 日，中央人民政府政务院发布"为征集革命文物"令，第一次提出"革命文物"概念。为中央革命博物馆筹备处征集革命文物。

（1）时代范围："以五四以来新民主主义革命为中心，远溯鸦片战争、太平天国、辛亥革命及同时期的其他革命运动史料。"

（2）种类："凡一切有关革命之文献与实物……"以及"在革命战争中所缴获的反革命文献和实物等"。

该令征集的革命文物均为可移动的文物。

5. 1953 年 10 月 12 日政务院发出《关于在基本建设工程中保护历史及革命文物的指示》中，提到革命建筑物、革命纪念建筑物、纪念物等，提出了不可移动的革命建筑物等不可移动革命文物。

6. 《中华人民共和国文物保护法》第二条第一款（二）规定："与重大历史事件、革命运动或者著名人物有关的以及具有重要纪念意义、教育意义或者史料价值的近代现代重要史迹、实物、代表性建筑。"

法律规定了保护近代现代文物中不可移动和可移动革命文物，其中史料价值文物中，包括了反革命罪证，是其罪恶的见证，有重要史料价值。

革命文物理论创建发展与
学科建设的几个问题①

革命文物概念提出，开展革命文物调查、保护、研究、利用、管理工作已七十多年，革命文物工作和革命文物事业不断发展，已取得了一系列重要成绩，为进一步加强革命文物保护利用和发展革命文物事业与学科建设奠定了良好基础。笔者在学习党史和习近平总书记关于革命文物工作重要指示批示的基础上，就革命文物的概念与定义、理论创建发展、法规建设和学科构建等几个问题，作简要述论。

一、革命文物概念与定义

1950 年 6 月 16 日，中央人民政府政务院颁发"为征集革命文物"令。第一条明确规定："革命文物之征集，以五四以来，新民主主义革命为中心，远溯鸦片战争、太平天国、辛亥革命及同时期的其他革命运动史料。"新中国中央

---

①　原载《中国文物报》，2022 年 2 月 8 日第 3 版。

人民政府以法令形式提出"革命文物"概念，彰显其权威性；提出"革命文物"概念，是党的选择、人民的选择、历史的选择。

法令第一条规定，提出了"革命文物"概念，同时，对革命文物年代及内容作出界定。这些内容应是根据毛泽东关于人民英雄纪念碑碑文的思想理论从法规上进行的规范，进而言之，是在毛泽东思想指导下起草制定的。

法令第二条规定："凡一切有关革命之文献与实物如：秘密和公开时期之报章、杂志、图画、档案、货币、邮票、印花、土地证……革命先进和烈士的文稿、墨迹及用品，如：兵器、旗帜、证章、符号、印信……以及在革命战争中所缴获的反革命文献和实物等，均在征集之列。"该条所列的实物史料中一部分与1937年中共中央革命军事委员会主席毛泽东、总司令朱德关于征集红军历史资料的通知中的实物资料相同。这些实物史料，均属于可移动文物，与该令为中央革命博物馆征集革命文物主旨相一致，因此没有提及革命文物中的不可移动文物。

1950年7月6日，中央人民政府政务院《关于保护古文物建筑的指示》中，第一条规定："凡全国各地具有历史价值及有关革命史实的文物建筑，如：革命遗迹……均应加意保护，严禁毁坏。"第一次提出了革命文物中的不可移动文物。

2002年10月28日，第九届全国人大常委会第三十次会议审议、通过修订的《中华人民共和国文物保护法》（以下简称《文物保护法》），是对 1982 年《文物保护法》的继承和发展，是中国文物法制建设新的里程碑，标志着文物法制建设迈进一个新的发展阶段。该法对革命文物有一系列重要规定，在第二条第二项规定："与重大历史事件、革命运动或者著名人物有关的以及具有重要纪念意义、教育意义或者史料价值的近代现代重要史迹、实物、代表性建筑。"

纵观革命文物法律法规，对革命文物概念、范畴、类别、价值、作用等作出一系列明确规定。

2018 年，国家文物局印发《关于报送革命文物名录的通知》中，对革命文物范畴进一步作出规定："革命文物主要是指见证近代以来中国人民抵御外来侵略、维护国家主权、捍卫民族独立和争取人民自由的英勇斗争，见证中国共产党领导中国人民进行新民主主义革命和社会主义革命的光荣历史，并经认定登记的实物遗存。对社会主义建设和改革时期彰显革命精神、继承革命文化的实物遗存，纳入革命文物范畴。革命文物包括不可移动革命文物和可移动革命文物。"《通知》的这一规定，是对革命文物法律法规规定的继承和具体化。

综上所述，革命文物定义可表述为：革命文物是中国人民在反对西方列强和封建君主制，反对帝国主义、封建主义、官僚资本主义，争取民族独立、人民解放的革命斗争与社会主义革命和建设中，产生、形成的具有历史、艺术、科学价值和见证、教育、纪念意义的不可移动和可移动的革命文化遗存。

二、革命文物思想理论创建

1949 年 9 月 30 日，中国人民政治协商会议第一届全体会议决定，在天安门广场建立人民英雄纪念碑，并于当天傍晚举行奠基礼，毛泽东与会议代表来到广场，毛泽东庄严宣读了由他亲自撰写的"人民英雄永垂不朽"和碑文，并执锹铲土奠定基石。

人民英雄纪念碑坐南朝北，1952 年 8 月 1 日正式动工，1958 年 5 月 1 日揭幕。纪念碑正面为毛泽东题写"人民英雄永垂不朽"八个镏金大字，背面（南面）为毛泽东撰文、周恩来书写的碑文："三年以来，在人民解放战争和人民革命中牺牲的人民英雄们永垂不朽！三十年以来，在人民解放战争和人民革命中牺牲的人民英雄们永垂不朽！由此上溯到一千八百四十年，从那时起，为了反对内外敌人，争取民族独立和人民自由幸福，在历次斗争中牺牲的人民英雄们永垂不朽！"碑文思想深邃、内涵博大精深，创建了革命文物思想理论，奠定了革命文物思想理论基石。它与人民英雄纪念碑一起，永久载入党和国家重要的红色典籍。人民英雄纪念碑呈方形，通高 37.94 米，分碑身和基座两部分。碑座为须弥座式，束腰部分刻有"虎门销烟""金田起义""武昌起义""五四运动""五卅运动""南昌起义""抗日游击战争"和"胜利渡长江"等八幅反映近代中国革命史实的大理石浮雕，另有两幅以"支援前线"和"欢迎人民解放军"为题的装饰性浮雕。浮雕高 2 米，总长 40.68 米，雕刻着 170 多个人物，概括、生动地展现了百年以来中国人民革命斗争的伟大历程和史实。

1961 年 3 月 4 日，国务院公布人民英雄纪念碑为全国重点文物保护单位，列在第一批全国重点文物保护单位名单第一类"革命遗址及革命纪念建筑物"中。人民英雄纪念碑整体和全部内容，特别是毛泽东撰写的"人民英雄永垂不朽"和碑文，以及全部雕刻贯通、展现，全面而深刻地诠释了革命文物概念、基本范畴和文化内涵；充分实证和再现了中国旧民主主义革命和新民主主义革命时期中国人民革命斗争的光辉历程和壮丽史诗；从中央和国家层面规制了革命文物的生命线和重要的政治基础，其价值意义重大、影响深远。

三、革命文物思想理论拓展

1949 年 10 月 1 日，中华人民共和国中央人民政府成立。新中国成立后，一些领域伟大的革命斗争仍在继续进行中，例如，中国中南、西南、西北一些地区，仍被国民党政府和军队控制，人民解放军正向这些地区挺进，解放这些地区，这应是人民解放战争的继续和发展。又如，在一些新解放、建立人民政权的地方，开展土地改革运动，消灭封建土地制度，实行耕者有其田，这是继续实施中国共产党颁布的《中国土地法大纲》的斗争。再如，剿匪、肃特、镇反等保卫人民新生政权的革命斗争。还有反对帝国主义，抗美援朝、保家卫国等革命斗争。在这一系列革命斗争中产生、形成的文化遗存，应归属于革命文物范畴。这些革命斗争实践，拓展了革命文物思想理论，是一项重要成果。

四、革命文物思想理论创新发展

对于近代（旧民主主义革命和新民主主义革命时期），革命文物理论、范畴是明确的，在保护实践中也容易识别和认定。对于现代（当代），社会主义革命和建设中，需要进一步总结实践经验，研究概括现代（当代）革命文物思想理论，进一步规范其范畴，以利于进一步加强革命文物保护利用和促进革命文物事业繁荣发展。

现代（当代）中国社会主义革命和建设中，有些方面或领域，仍需开展革命斗争，即使在社会主义建设领域，仍应继续坚持和发扬艰苦奋斗、勇往直前的革命精神。在这些领域或方面的斗争和建设过程中产生、形成的革命文化遗存，应归属于革命文物范畴。

2002 年《文物保护法》第二条第二项规定"与重大历史事件、革命运动或者著名人物有关的以及具有重要纪念意义、教育意义或者史料价值的近代现代重要史迹、实物、代表性建筑"，是受国家保护的文物。这一重要规定，深刻地体现了对革命文物理论守正创新，完整且充分地表达了革命文物的革命、历史、文化内涵。

《文物保护法》上述规定，有重要价值和意义。笔者认为：

1. 将革命文物时代范畴由近代拓展到现代（当代），即由旧民主主义革命和新民主主义革命时期拓展到社会主义革命和建设时期、改革开放时期和新时期（新时代），从而大幅度拓展了革命文物时间范畴，突破"近代"时限，对认识和认定现代（当代）革命文物提供了极为重要的法律依据。

2. 将革命文物范畴的重大历史事件、重要人物等由近代拓展到现代（当代），"革命运动"可理解为广义的革命斗争。例如，当代捍卫国家主权、领土完整，反对分裂，保卫边疆等重大历史事件和革命斗争；又如，在新中国全面脱贫攻坚，消除绝对贫困，彪炳史册的重大历史事件；再如，在新中国历史上的领袖人物，工业、农业、教科文卫、部队等系统作出重大贡献、具备重要革新创新意义，具有典型性、代表性的重要人物等。这些方面的重要内容，极大地拓展了革命文物内容范畴，进一步增强了革命文物的历史厚度，同时也加大了它的学术深度。

3. 在革命文物的类别上，在法律中将革命文物区分为不可移动文物和可移动文物。

4. 在革命文物发挥作用方面，它应具有重要纪念意义、教育意义和史料价值，把革命文物作用由近代拓展到现代（当代）。在爱国主义教育中，应用文物和革命文物进行教育，是永恒的主题。纪念是表彰，也是传承和弘扬，表彰在重大历史事件、革命斗争中的重大功绩、重要人物的重要贡献，阐述其重要价值和意义，重要人物为革命和建设事业的无私奉献、勇往直前的革命精神。

现代（当代）革命文物承载着重要历史事实，是研究中共党史、新中国史、改革开放史和社会主义发展史（以下简称"四史"）的重要史料。同时，这些文物也是"四史"发展历程的实物见证，是进行"四史"教育，特别是党史学习教育最好的资料，在爱国主义教育和革命传统教育中，发挥无可替代的重要作用。

2021年3月，习近平总书记对革命文物工作作出重要指示：革命文物承载党和人民英勇奋斗的光荣历史，记载中国革命的伟大历程和感人事迹，是党和国家的宝贵财富，是弘扬革命传统和革命文化、加强社会主义精神文明建设、激发爱国热情、振奋民族精神的生动教材。

习近平总书记强调，加强革命文物保护利用，弘扬革命文化，传承红色基因，是全党全社会的共同责任。各级党委和政府要把革命文物保护利用工作列入重要议事日程，加大工作力度，切实把革命文物保护好、管理好、运用好，发挥好革命文物在党史学习教育、革命传统教育、爱国主义教育等方面的重要作用，激发广大干部群众的精神力量，信心百倍为全面建设社会主义现代化国家、实现中华民族伟大复兴中国梦而奋斗。

习近平总书记关于革命文物工作的重要指示，深刻阐明了革命文物工作的重大意义、目标任务和基本要求，是做好新时代革命文物工作的根本遵循。同时，习近平总书记关于革命文物工作指示的核心内容，既是对革命文物思想理论的高度认同和应用，又是对革命文物保护利用理论和实践问题的深邃思考和科学总结，是对革命文物理论和实践的重大创新发展，是加强革命文物学科建设和保护利用实践的重要指导思想，在革命文物理论和保护利用发展史上，是极为重要的里程碑，具有重大价值和意义，影响深远。

五、进一步完善革命文物法规

1. 加强革命文物地方立法

20世纪90年代末以来，一些省级人大常委会制定、通过、公布了革命文物专项保护地方性法规，对保护革命文物发挥了重要作用。

如，2000年10月26日，山东省人大常委会通过了《山东省刘公岛甲午战争纪念地保护管理规定》。

再如，2001年6月1日，陕西省人大常委会通过了《延安革命遗址保护条例》。2020年3月25日，该条例经陕西省十三届人大常委会第十六次会议通过修订草案。新修订的《陕西省延安革命旧址保护条例》共5章40条，修订的重要内容主要体现在扩大保护对象范围，补齐保护管理短板，突出传承利用等方面，同时，对禁止行为、修缮原则、规划编制、法律责任等内容作了修订。修订条例已于同年5月1日起实施。

与此同时，有的设区市人大常委会在具有立法权后，也开始研究、制定本辖区革命文物保护法规。如2018年2月1日，湖北省黄冈市人大常委会通过、颁布实施《黄冈市革命遗址遗迹保护条例》。

这些地方性革命文物保护法规，根据上位法原则规定和本辖区革命文物实际情况，以及面临的问题，有针对性地作出一些规定，有利于实施，解决问题，加强保护利用，增强实效性，充分发挥法规保障作用。因此，省级人大常委会和设区市人大常委会应进一步加强地方性革命文物立法工作，健全地方性革命文物法规，为加强本辖区革命文物保护利用管理提供重要法规保障。

2. 制定革命文物认定标准和管理办法

2018 年国家文物局《关于报送革命文物名录的通知》中，对革命文物范畴作出规定，从贯彻实践的角度观察，似太原则、太笼统，对从事实际认定工作来说，难度比较大，困难比较多。正如有的革命文物专家指出：界定革命文物的具体标准是什么……革命文物的基层管理工作者在思想认识上还不够清晰，征集工作中把握得还不够准确。因此，笔者认为，应在革命文物认定、保护利用管理工作实践中，进一步总结经验，在广泛调查、研究、论证的基础上，制定革命文物认定标准和管理办法，适时提升为部门规章或者行政法规，为革命文物认定、管理提供层级较高的革命文物法规，以提高革命文物认定的科学性、合理性和管理的规范性。

六、加强革命文物学科建设

革命文物保护利用在党中央、国务院高度重视和习近平总书记关于革命文物保护利用思想指导下，正在全国深入持久地向纵深发展，在多方面已取得重要成绩。同时，革命文物保护利用、传承发展，不仅是一项工作，更是一项事业。作为党和国家重要的革命文化事业，不断发展、繁荣，需要学科理论与

　　方法的系统支撑，换言之，需要加快构建革命文物学科体系、学术体系、话语体系，以进一步加强革命文物调查、保护、研究、利用的历史厚度和学术深度，发挥革命文物更大的作用。因此，应进一步加强革命文物学科体系建设研究，将其纳入马克思主义理论研究和建设工程范围，组织编写革命文物学科教材，设立革命文物学科专业等。这应是贯彻党中央、国务院和习近平总书记关于革命文物工作指示长久的根本之策。

革命文物年代论[①]

　　革命文物是中国重要的革命文化遗存，它记录着中国革命斗争历程，见证着中国革命斗争历史，蕴含着一代代革命者不屈不挠的斗争精神，培育了中国共产党人不忘初心、牢记使命的精神谱系，是不可再生的革命文化资源，是中国人民振兴中华、建设中国特色社会主义现代化强国的巨大力量源泉。在革命文物中，其年代有着特别重要价值和作用，本文以不可移动革命文物为例，对其年代重要价值和作用作简要述论。

一、革命旧址、遗址的年代具有时代性

　　革命旧址、遗址等不可移动文物（以下均统称革命文物）的年代，有其鲜明的时代性，即时代特征：

　　其一，革命文物起始年代，有其特定的年代，即 1840 年，这是由特别重大的历史转折点决定的。它与中国近代史开端同步，同时是中国近代文物起始年代。革命文物是近代以来文物即近现代文物的重要组成部分。

---

①　原载《中国文物报》，2023 年 2 月 24 日第 3 版。

其二，革命文物年代有鲜明的时代特征，如旧民主主义革命时期的革命文物年代与新民主主义革命时期的革命文物年代，其时代特征明显不同，表现为不同时期革命文物对象、范畴、内涵等方面的区别或者差异；新民主主义革命时期的抗战文物与解放战争时期的革命文物，在对象、范畴、内涵等方面有着明显区别。这些区别或者差异，应是由近代以来不同年代或时期革命对象、任务、目标和采取、实行的路线等不同所决定的。

其三，每一处不可移动革命文物，都有其特定的年代，没有年代的革命文物是不存在的，关键是如何科学认定或确定它的年代。同时，对某文物是否能认定为革命文物，或者说对该文物的政治属性的确定亦至关重要。

二、革命旧址、遗址的年代与其本体建筑年代具有一致性

革命旧址、遗址等不可移动革命文物，一般都有建筑物或构筑物等作为其主体部分。对这一类革命文物来说，革命旧址、遗址等的年代，与其主体建筑等年代总体上是一致的。例如：人民英雄纪念碑、某战役纪念碑、烈士纪念碑亭、烈士墓、烈士陵园等。

在此，也应指出，这类不可移动革命文物年代、其主体建筑年代，与其纪念的革命事迹、革命英烈等革命内容的年代，则具有非一致性。例如，北京天安门广场人民英雄纪念碑是1958年落成，因此，它的年代是1958年。而它纪念的是1840

年以来为反对西方列强和封建君主制，反对帝国主义、封建主义、官僚资本主义，争取民族独立、人民解放等斗争进程中的革命事迹和人民英雄。换言之，它纪念的是整个旧民主主义和新民主主义革命进程中的英雄史迹。这一特点，是此类革命文物特性即纪念性所决定的。每一处总体上主旨一致，基本内容连通，逻辑结构严谨，构成一处完整的革命史迹。

同时，还须指出，还有一类革命旧址、遗址，如重大专项科研基地与工程建设类不可移动革命文物的年代与其主体建筑物或构筑物及相关遗存的年代具有一致性。如大庆第一口油井（1959 年）、第一个核武器研究基地旧址（1957~1995 年）。

三、革命旧址、遗址年代与其主要建筑年代非一致性

革命旧址、遗址等不可移动革命文物，其中如重大历史事件、重要革命活动、重要战役、重要会议等旧址、遗址，大都由其主要建筑物等构成。这些革命旧址、遗址的年代，与其构成的主要建筑物并非一致性。从革命旧址、遗址构成的范围、主要建筑物来看，有皇家建筑、豪绅宅邸、商旅建筑、农舍建筑、寺庙建筑等。这些建筑物的年代与其确定的革命旧址、遗址年代并非一致。这些革命旧址、遗址等起始年代，是由重大革命事件、重要革命活动、重要战役、重要会议的开始年代为其起始年代，或重要党政军等机构某年某月入驻为起始年代，都是重要的历史性时刻。与此同时，赋予了它新的功能、内涵和属性。这是由革命进程中斗争和工作需要所决定的。这种年代上的非一致性，是这类革命旧址、遗址等的重要特征之一。

同时，在确定了一处革命旧址、遗址等不可移动革命文物的起始年代，其范围内的主要建筑物作为该革命文物整体的重要组成部分，应按该处革命文物年代对待。换言之，这些建筑物原来的功用已经终结，历史的一页已经翻过，革命旧址、遗址新的功用同时开启，新的、革命的历史一页已经展开，从此书写新的历史。这是其重要特点。

在此，应特别注意，这并不是改变这些建筑物原有年代。在记述革命旧址、遗址等的历史与现状时，需要追述该建筑物的年代和功用。例如，北京天安门，原为皇宫建筑。1949年10月1日，中华人民共和国成立，毛泽东主席在天安门城楼向全世界庄严宣告中华人民共和国中央人民政府成立了，并升起中华人民共和国第一面五星红旗。天安门是这一重大历史性时刻所在地，是开启中国历史新纪元的见证，同时，也开启了天安门历史新的一页。1961年，国务院公布第一批全国重点文物保护单位名单，天安门列在"革命遗址及革命纪念建筑物"类。这一认定，就是明证。这一类革命旧址、遗址的演变、发展史轨迹大都如此。这样历史地、辩证地看待其发展变化，完全符合历史唯物主义基本观点。对这种革命旧址、遗址年代方面的非一致性，从多角度、多层次进一步加深研究，呈现立体化的阐释，会极大地增加革命旧址、遗址等不可移动革命文物的历史厚度与学术深度。

四、革命旧址、遗址认定中年代的关键性

革命旧址、遗址等不可移动革命文物认定中，年代问题至关重要。近代文物中，许多旧址、遗址等不可移动文物，能否认定为革命文物，应以近代以来历史发展进程和历史事实为依据，从不同时期革命对象、任务、目标和路线等方面进行研究，认定其是革命文物，还是罪证史迹。换言之，认定其是革命文物，还是近代文物，也就是说，作为近代史迹，是近代文物范畴，但不是近代文物中的革命文物，这是不言而喻的。

例如，武汉国民政府旧址，年代为1926—1927年。其间正值国共第一次合作，进行北伐。武汉国民政府代表了革命一方，其旧址应认定为革命旧址。1926年国民革命军北伐攻克武汉后，大多数国民党中央执委和国民政府委员抵达武汉，组成"临时联席会议"。1927年3月，在此召开了有共产党人毛泽东、林伯渠等参加的国民党二届二中全会，改组国民政府，组成国共联合政府。

但1927年4月，蒋介石叛变，对共产党人和革命人士进行大屠杀。之后，在南京组建国民政府，已成为反动政府，直至全面抗战爆发之初，一直对苏区和红军进行围剿。抗战胜利后，蒋介石撕毁国共重庆谈判协定，悍然发动全面内战，国民政府还都南京。因此，这两个时期的南京国民政府旧址，是国民党反动派的罪证史迹，只可作为近代文物，应是历史的判定。

从以上可以清楚看出，旧址、遗址定名和年代的重要性，两者密切相连。进而言之，同一名称，在不同地点、不同年代，或者同一地点，名称不同、时代不同，由于政治权力主导方的改变，其性质也发生转变，换言之，改变了其政治属性。

区分的具体界限和分水岭是年代，核心是谁执政。

例如，抚顺战犯管理所旧址，在1950年以前，它是监狱。战犯管理所、集中营、监狱，名称不同，其性质上都是监狱，是专政工具，是国家机器组成部分。关键是由谁专政和专谁的政，这才是问题的核心、事物的本质。抚顺战犯管理所旧址（1950—1975年），原为日本侵华时拘押、迫害抗日志士的监狱，之后由中国政府接收。1950年6月，中华人民共和国中央人民政府决定成立抚顺战犯管理所，7月开始关押由苏联政府移交给中国的伪满洲国战犯和日本侵华战犯，也关押了国民党反动派战犯。末代皇帝爱新觉罗·溥仪也关押于此（据《中国文物地图集·辽宁分册》）。由战犯管理所对他们进行教育改造。根据其设立、性质、任务和存在年代，应认定为不可移动革命文物。

五、革命旧址、遗址的名称、年代、地址的关联性和整体性

一处革命旧址、遗址的名称、年代、地址三者紧密相连，以时间、地址、人物、事件为基本内容的内在联系构成紧密、统一的整体。对其正确定名、确定年代及地址至关重要。其中任何一项的准确性、合理性、科学性都会影响到整体的科学性，如果某一项出问题乃至错误，都会导致该处文物是否可以确认为革命文物的问题，甚至影响到同类项旧址、遗址的认定。因此，一处革命旧址、遗址的名称、年代、地址三者的关联性和整体性，应作为革命旧址、遗址等不可移动革命文物认

定的原则之一。

上述关于武汉国民政府旧址、抚顺战犯管理所旧址的名称、年代、地址的述论，已清晰说明名称、年代、地址三者相互关联、科学确定的极端重要性。如果违背三者之间的关联性、整体性原则认定，就会出现问题，造成混乱。即使对近代旧址、遗址等史迹认定而言，也是如此。

在这里有必要再以近代重要史迹南京"原国民政府旧址"为例，就其名称、年代、地址的关联性作进一步分析。20年前，一份公布文物保护单位名单中，列有："名称：原国民政府旧址、年代：1912~1949年；地址：江苏省南京市。"从中可看出定名、年代、地址三者之间的紧密关联性。由于年代界定为"1912~1949年"，据此对该处旧址提出一些问题：1. 1912~1927年在北京有北洋政府，亦称北京政府。2. 1926~1927年北伐军到达武汉后，建有国民政府；之前在广州组建了国民政府。国民党蒋介石叛变后，在南京组建了国民政府。3. 1937年全面抗战爆发，之后不久，南京国民政府先迁至武汉，再迁至重庆。4. 抗战时期，国民政府长驻重庆，抗战胜利后，才迁回南京。由此可以看出，"原国民政府旧址，1912~1949年，江苏省南京市"的定名、年代、地址与历史事实在时空关系上并不相符，这会带来定性问题和容易引起误解，甚至造成错乱。

最后一点，"原国民政府旧址"起始年代定为1912年，"1912年元旦，孙中山在南京就任中华民国临时大总统……"这应是把该文物保护单位起始年代确定为1912年的原因。历史的演进是：孙中山在南京宣誓就任大总统，宣告中华民国成立，定都南京。1912 年 2 月 12 日，清帝逊位，授袁世凯全权组织临时共和政府。2 月 13 日，孙中山向临时参议院辞职。2 月 15 日，临时参议院举袁世凯为临时大总统。2 月 29 日，袁世凯强令移都北京。3 月 10 日，袁世凯在北京宣誓就任临时大总统。4 月 2 日，南京临时参议院议决，政府迁往北京（据《北京历史纪年》）。

因此，就孙中山在南京宣誓就任中华民国临时大总统，宣告成立中华民国，定都南京等，这一重大历史事件时间、地址与 1927 年后的原国民政府旧址时间、地址（点）在公布文物保护单位时应区别开来，单独作为一处文物保护单位。即孙中山就任中华民国临时大总统旧址，年代 1912 年，地址南京市。不仅完全符合历史进程之事实，特别是作为辛亥革命推翻封建帝制和创建中华民国伟大胜利成果与历史见证，完全应该认定为革命旧址。这再次证明，革命旧址、遗址等名称、年代、地址三者紧密关联，在对其认定中，应加强研究，作好科学定名、确定年代及地址，是构成一处科学、合理、完整史迹的重要保障。

2022 年 9 月 21 日

革命文物保护利用与跨学科研究①

2021 年是中国共产党成立一百周年华诞。根据中共中央和习近平总书记指示，党史学习教育正在全国如火如荼地开展。作为一名老党员，自己认真学习习近平《论中国共产党历史》和关于革命文物工作重要指示等重要文件材料，不断提高认知水平，同时结合文物工作实际，进行深入思考。现就以下问题作简要述论。

一、革命文物保护研究

习近平总书记在关于革命文物工作的重要指示中指出：革命文物承载党和人民英勇的光荣历史，记载中国革命的伟大历程和感人事迹，是党和国家的宝贵财富，是弘扬革命传统和革命文化、加强社会主义精神文明建设、激励爱国热情、振奋民族精神的生动教材。习近平总书记强调，切实把革命文物保护好、管理好、运用好，发挥好革命文物党史学习教育、革命传

---

① 原载《中国文物报》，2021 年 6 月 11 日第 3 版。

统教育、爱国主义教育等方面的重要作用。

习近平总书记关于革命文物工作的重要指示，深刻阐明了革命文物工作的重大意义、目标任务和基本要求，是做好新时代革命文物工作的根本遵循。在这场规模空前、广度和深度前所未见的党史学习教育中，革命文物发挥着重要和独特的作用。与此同时，加强革命文物保护利用管理的新的任务目标，对革命文物研究也提出了新的更高的要求。

革命文物在我国文物中占有十分重要的位置，如 2019 年国务院公布的 762 处全国重点文物保护单位中，近现代重要史迹及代表性建筑有 234 处，占总量的 30.7%；中华人民共和国成立以来的有 40 处，革命文物占比大幅提升，在近现代重要史迹及代表性建筑类中有 138 处，即占了多一半。在第一批至第八批全国重点文物保护单位 5058 处中，近现代重要史迹及代表性建筑 952 处。在发挥文物作用方面，全国重点文物保护单位革命遗址、旧址开放参观接近 94%，革命博物馆、纪念馆总数超过 1600 家，"十三五"期间平均每年推出革命文物展览 4000 余个，在革命传统和爱国主义教育中发挥了重要作用。另据统计，截至 2021 年 3 月，全国共有不可移动革命文物 3.6 万多处，国有馆藏可移动革命文物 100 万件/套，是我国重要的不可再生的革命文化资源。

最近几年，中共中央宣传部、财政部、文化和旅游部、国家文物局先后公布了两批 37 个革命文物保护利用片区分县名单，涉及 31 个省、自治区、直辖市域的 268 个市 1433 个县。革命文物保护利用片区分县名单，是以革命史实为基础，以革命文物为依据，结合党史重要文献和党史研究新成果，综合研究后确定的，是革命文物保护研究领域一项重要成果。同时，公布片区分县名单，是加强革命文物保护利用管理工作的重大举措。从两批革命文物保护利用片区分县名单观察，其内容丰富，革命文化内涵博大精深；时间跨度长，空间跨度广，覆盖全国31个省、自治区、直辖市和新疆生产建设兵团；结构和内容密切联系，已构建起全国革命文物史迹网，其价值和作用具有重要里程碑意义。

习近平总书记关于革命文物工作的重要指示，充分体现了以习近平同志为核心的党中央对革命文物工作高度重视，还体现了革命文物在加强革命文化建设、社会主义核心价值观建设、马克思主义理论建设中的重要地位、价值和作用。

为了进一步加强革命文物保护、研究，充分发挥革命文物作用，笔者认为：应进一步加强革命文物基础研究，加强革命文物分类系列和党史、革命史、军史等革命文物标识体系建设研究，完善革命文物史迹网建设研究，开展革命文物学科建设研究。革命文物作为我国文物的重要组成部分，其学科建设应以构建文物学重要分支学科为重点、广泛、深入开展研究，同时加强革命文物跨学科研究。

为了进一步加强革命文物研究，把习近平总书记关于革命文物工作重要指示从国家层面进一步落实好，应加强革命文物保护研究机构和队伍建设。至今，从国家层面，仍没有专门的革命文物研究机构。笔者曾在革命文物法规创建发展、文物作用和文物利用文章中，建议以现有文物机构为基础，进行调整，组建中国文物科学院革命文物研究院。这应是进一步贯彻落实习近平总书记关于革命文物工作重要指示的组织措施和组织保障。

二、革命文物与党史研究和学习教育

革命文物研究与党史、革命史、解放军史、新中国史等研究，有众多相同的资料，在内容上有密切关联，这是由革命文物范畴、特性、文化内涵等决定的。这种相同和关联性，又决定了革命文物学科建设上明显的跨学科特点。这里试以革命文物与党史研究为例谈一些认识。

革命文物是中国共产党百年光辉历程的文化遗存，是共产党百年光辉业绩的文化载体，是共产党百年历史的实物见证，是党和国家重要的文化财富。

革命文物是党史研究的重要资料，也是党史学习教育的重要教材。党史研究是历史学科，党史重要人物、党史重要会议和党史重要事件等，是党史的重要内容，在研究中，应下沉到相关重要革命文物，它们是重要实物资料，在研究中不可或缺。

党史重要人物史迹。在革命文物中，有许多党史重要人物的故居、旧居、建筑物是承载其重要革命活动的遗存。如李大钊故居/旧居、毛泽东故居、周恩来故居、刘少奇故居、朱德故居、任弼时故居、邓小平故居、陈云故居、彭德怀故居……这些党史重要人物故居/旧居都是全国重点文物保护单位。许多党的领袖、开国元勋的旧居坐落于全国重点文物保护单位的革命旧址中，是该处革命旧址的重要组成部分，如毛泽东在延安时期的旧居之一，坐落于延安革命遗址内；毛泽东、刘少奇、周恩来、朱德、任弼时在西柏坡时期的旧居，坐落于西柏坡中共中央旧址内，等等。在这些故居/旧居内，他们曾进行了许多重要革命活动，留下了许多重要史实和感人事迹，是革命文物研究和党史研究十分宝贵的资料，是党史学习教育的重要教材。

党史重要会议史迹。在革命文物中，有许多党的重要会议旧址，如党的一大会议旧址、八七会议旧址、古田会议旧址、遵义会议旧址、党的七大会议旧址、党的七届二中全会旧址等，都是全国重点文物保护单位，其中有的重要会议旧址，坐落于全国重点文物保护单位内，如党的七大会议旧址坐落于延安革命遗址内，党的七届二中全会旧址坐落于西柏坡中共中央旧址内，都是该文物保护单位的重要组成部分。不同历史年代党史上的重要会议，决定了党的许多重大问题，确定了党的重大方针路线和组织领导等。这些党史上的重要会议旧址，是党的历史征程的重要见证，其内容极其丰富，是革命文物研究和党史研究的重要资料，是党史学习教育的重要课堂。

党史重要事件史迹。革命文物中，有许多是党在百年历史征程中发生的重要事件的遗址、旧址、建筑等遗存，如八一南昌起义旧址、秋收起义旧址、井冈山会师和创建革命根据地、红军长征遗迹，以及确立毛泽东在党和军队中领导地位、挫败张国焘分裂党中央活动史迹，抗日战争中的八路军、新四军和开辟抗日根据地，国共第一次和第二次合作与统一战线，解放战争中的三大战役、渡江战役，中华人民共和国中央人民政府成立，建立新中国等党的历史上重要事件和重要史迹，其中许多有代表性的遗址、旧址、建筑等重要史迹是全国重点文物保护单位，它们记载着中国共产党和人民群众的伟大革命历程，是革命文物研究和党史研究十分重要的历史资料，是党史学习教育、革命传统教育和爱国主义教育的重要阵地。

同时，承载党史重要人物、党史重要会议、党史重要事件和其他方面内容的可移动革命文物 100 万件/套，收藏于博物馆、纪念馆、图书馆、档案馆和文物保管机构，它们种类众多，涉及面广，内容丰富，内涵精深，是革命文物研究和党史研究不可或缺的重要资料，是党史学习教育的重要教材。

革命文物和党史研究与党史学习教育相辅相成。习近平总书记深刻指出：革命文物是弘扬革命传统和革命文化、加强社会主义精神文明建设、激励爱国热情、振奋民族精神的生动教材。……发挥好革命文物党史学习教育、革命传统教育、爱国主义教育等方面的重要作用。因此，应把革命文物研究和党史研究与开展党史学习教育有机结合，促进革命文物和党史跨学科研究，资料共享，加强交流合作，有利于出成果出人才，这应是方向；有利于充分运用革命文物见物见人，以史育人，以史鉴今，牢记使命，守正创新，振兴中华，是革命文物发挥作用的最大优势。

收藏、展陈革命文物的单位，上述 37 个革命文物保护利用片区的 268 个市 1433 个县的革命文物史迹保护单位，在党史学习教育中，应区别参观学习对象，既讲解个体到群体文物，又可讲解系列文物；既以文物讲史，又从文物讲到精神，如讲解红军长征史，又讲红军长征精神；讲解延安革命文物史迹，既结合文物讲党史，又讲延安精神，这里的"精神"属于理论层面。若如此，就把革命文物和党史跨学科研究成果与理论研究成果综合向观众讲述，从而把党史学习教育提高到一个更高的层次，在学术上也是一项重要的创新成果。

2021 年 5 月 15 日

关于抗战文物的几个问题[①]

—— 在少数民族抗战文物调研座谈会上的发言（提纲）

一、抗战文物概念和内容

抗战文物是指中国在抗日战争（1931~1945 年）中产生形成的具有历史、艺术、科学价值的文化遗存，包括不可移动文物和可移动文物。

少数民族抗战文物是抗战文物的重要组成部分，如马本斋与回民支队等遗存。

从广义上说，凡是在抗战前线、抗日根据地、陕甘宁边区、国统区产生和形成的与抗战相关的（直接的或间接的、外延的）一切文物，均属于抗战文物。

抗战时期文物从性质上总的可分为两类：一类是中国军民和盟国军队抗击日本侵略者，与敌人直接浴血奋战，或者为前线直接服务的生产、生活等而产生和形成的文物，这是主要

---

① 该座谈会由中国文物学会民族民俗文物专委会主持召开。

的、基本的；另一类是日本侵略者杀害中国和盟国人民的直接或间接的罪证遗存等。

抗战文物原来归入革命文物，近些年来，随着对抗战和反法西斯战争的深入研究、维护抗战（二战）胜利成果等斗争，提出抗战文物，突出其时间属性，突出其价值和作用，同时适用于国际范围。

二、抗战文物的价值与作用

抗战文物价值，总的来说，具有历史、艺术、科学价值。

历史价值：记载抗战历史，见证抗战历程，补充文献记载，……恢复某些抗战事实，战役面貌……

艺术价值：如抗战歌曲《义勇军进行曲》《松花江上》《黄河大合唱》等，抗战戏曲，美术，等等。

科学价值：每次大的战役的军事部署、指挥等地图，抗战军工等遗存，都具有重要军事科学价值。

抗战文物具有时代性、政治性、思想性强，社会性广泛等特性，是不可再生的文化资源。

抗战文物的重要作用：

1. 国家的统一，国土的完整保存，……

2. 中华民族的大团结；国家认同，统一的多民族国家，……

3. 中华民族伟大复兴的新起点，……

4. 爱国主义教育、社会主义核心价值观教育、国防教育……弘扬抗战精神。

三、抗战文物与纪念设施的关系

抗战文物是在抗战中产生、形成的文化遗存。抗战遗址、旧址是不可移动文物，大都是文物保护单位。还有一批是尚未公布为文物保护单位的文物点。党中央、国务院批准公布的抗战遗址和纪念设施名单中，有很大一部分是文物保护单位。

纪念设施是抗战期间和抗战胜利以后为纪念抗战而建设的设施。其中有些已成为文物，如纪念碑、烈士陵园（墓）等。纪念设施中，有些不是文物或目前未认定为文物，如新建的纪念馆建筑。已认定为文物和公布为文物保护单位的纪念设施，根据《中华人民共和国文物保护法》规定，进行保护管理。

四、抗战文物与抗日战争时期文物

1. 抗战文物是近代文物的组成部分，……
2. 抗战文物是抗日战争时期文物的基本部分，……
3. 少数民族抗战文物是抗战文物的重要组成部分，……

五、抗战文物保护和利用

1. 抗战文物的调查征集，遗址、旧址的调查、资料整理，进行深入、系统研究，是保护利用的重要基础。
2. 依法保护：贯彻保护为主、抢救第一、合理利用、加强管理文物工作方针，文物是不可再生的文化资源等规定，做好保护、利用、管理工作。
3. 保护抗战文物原状，……

4. 保护抗战遗址、旧址环境，……

抗战文物保护原状及其环境，有其特殊价值和意义，对于诠释抗战精神至关重要。

利用与发挥抗战文物作用：

1. 发挥抗战文物作用，是对抗战文物自身文化内涵、价值的研究、传承、发展、弘扬，……

2. 利用抗战文物，是在对抗战文物文化内涵、价值的研究、取得正确认识的基础上，进行合理利用，使其发挥更大作用。

2015 年 11 月 19 日

革命文物概念孕育发展内容辑注

革命文物是中国革命历史的见证，内涵丰富，博大精深，是重要的不可再生的革命文化资源。革命文物概念的正式提出，其重要标志是 1950 年 6 月 16 日中央人民政府政务院"为征集革命文物"令。从 1921 年至 1949 年，是革命文物概念孕育发展的重要时期（简称"孕育期"），现仅根据笔者手边现有资料整理辑录，有的作了注释。希望革命文物工作者、专家学者，在征集革命文物、资料，查阅档案等过程中，注意相关资料，不断增订，为革命文物学科史研究提供更多资料，进一步加强革命文物学科建设。

辑录

1. 1931 年，中华苏维埃共和国临时中央政府文件《中国工农红军优待条例》，其中内容规定："死亡战士之遗物应由红军机关或政府收集在革命历史博物馆中陈列，以示纪念。"

注：从革命文物概念肇源和法规角度观察，该条例规定内容，应属于革命文物概念之肇始；进而言之，烈士遗物只是可移动革命文物之一种。

2. 1933 年，中华苏维埃共和国临时中央政府教育部徐特立部长签发的一份关于收集"纪念物和烈士遗物"的征召启事，下发到"各机关、各群众团体及个人"。

注：1933 年苏区政府筹建中央革命博物馆，向机关、团体和社会发出征集纪念物品、胜利品、烈士遗物等启事。现尚未看到该启事原文。征集的物品均属于可移动革命文物，其范围进一步扩大。

3. 1937 年，中共中央革命军事委员会主席毛泽东、总司令朱德联署发出关于征集红军历史资料的通知。中革军委通知主要内容有：成立编委会和明确征集项目。指定徐梦秋、张爱萍、陆定一、丁玲、吴奚如、舒同、甘泗琪、傅钟、黄镇、萧克、邓小平等 11 人为红军历史编辑委员会委员，徐梦秋为主任。

征集红军历史资料项目有：历史——各部红军的产生和发展；战史——各个战役和重要战斗；长征史——片段的或全部的回忆；史略——牺牲同志的传记或红军的故事；报纸——各种大报小报；宣传品——传单标语宣言等；书籍——新编的翻印的铅印的或油印的；图书——旧存的或新的；剧本活报——过去印出的或补录的；日记——机关和私人的；歌曲——过去的各种歌曲土调山歌；相片——旧摄的或新摄的；纪念物品——牺牲同志的或缴获的；旗帜——自己的或缴获的；奖章——牺牲同志的或自己的；文件——过去的一切决议、命令、通知、报告……法令——红军的或苏维埃的。

注：毛泽东、朱德发出的征集红军历史资料通知，是笔者目前所见第一份全部内容为征集红军革命历史资料和纪念物品

的中央文件，其项目内容大多属于可移动革命文物范畴，十分重要，弥足珍贵。征集项目分为 17 项，每项下又列一些小项，内容十分丰富，基本涵盖了红军革命历史的各主要方面，涉及十多类可移动革命文物。该通知在革命文物概念孕育发展阶段具有重要开创价值，影响深远，意义重大。

4. 1946 年，陕甘宁边区政府提出《陕甘宁边区 1946—1948 年建设计划方案》，其中在文教建设方案部分特别强调"为使边区各种革命历史纪念物品及革命领袖之史迹永留于边区，以使教育干部群众起见，建议在延安建立陕甘宁边区革命历史纪念馆"。

注：该方案提出"各种革命历史纪念物品"，应是囊括了革命历史纪念物品的各个种类，是高度综合概括；"革命领袖之史迹"，从建博物馆角度看，方案的本意就是指革命领袖的革命珍贵物品，但就文物术语"史迹"而言，应包括不可移动革命文物之遗址、旧址、旧居、故居等，从这个角度讲，其含义又有拓展。

5. 1946 年，在陕甘宁边区第三届参议会上，又提出在延安建立陕甘宁边区革命历史博物馆；边区主席林伯渠主持成立了陕甘宁边区革命历史博物馆筹备委员会。

6. 1946 年 5 月 16 日，陕甘宁边区政府主席林伯渠主持会议，通过了"着手搜集革命历史文物"的决定。

注：在 1939 年 11 月 23 日，陕甘宁边区政府发出"为调查古物、文献及古迹事"《给各分区行政专员各县县长的训令》中，已引入"文物"一词，现又将"文物"一词应用于

"革命历史文物",使"革命历史纪念物"拓展为"革命历史文物",在内涵方面是重要突破,也对"革命历史纪念物"的多重属性进一步升华,在革命文物概念孕育发展史上具有重要理论和实践价值。

7. 1946 年 12 月 30 日,解放军第 7 纵队政治机关为保护山东聊城固有文化免遭战争损坏,在我军入城前发布三项命令:(1)向民族英雄范筑先墓立正敬礼……

注:由新华社转发全国的这一命令,实践中已把抗日民族英雄范筑先墓作为不可移动革命文物进行保护,影响深远。

8. 1947 年,东北行政委员会在哈尔滨筹建"东北抗日暨爱国自卫战争牺牲烈士纪念堂",后更名为东北烈士纪念馆。

注:1948 年 10 月 10 日纪念馆正式开馆,有馆藏 2000 多件,大都为烈士遗物和纪念物等,是可移动革命文物。应从其内涵广度和深度理解它在革命文物概念孕育发展进程中的重要地位和作用。

9. 1949 年 4 月 23 日,南京解放,中共中央军委主席毛泽东发电报,要求部队"注意保护南京的孙中山陵墓,对守墓人给予照顾"。

注:毛泽东关于保护南京孙中山陵墓的电文,在理论和实践上确立了保护不可移动革命文物,至此,革命文物既包括可移动革命文物,又包括不可移动革命文物。这一重大突破,是一大创新,确立了革命文物两大范畴,对革命文物概念形成起了决定性作用。电文内涵丰富,具有重要价值和意义。

10. 1949 年 9 月 30 日,中国人民政治协商会议第一届全体会议决定，在天安门广场建立人民英雄纪念碑，并于当天傍晚举行奠基礼，毛泽东和会议代表来到广场，毛泽东庄严宣读了由他撰写的"人民英雄永垂不朽"和碑文，并执锹铲土奠定基石。

人民英雄纪念碑碑文为："三年以来，在人民解放战争和人民革命中牺牲的人民英雄们永垂不朽！三十年以来，在人民解放战争和人民革命中牺牲的人民英雄们永垂不朽！由此上溯到一千八百四十年，从那时起，为了反对内外敌人，争取民族独立和人民自由幸福，在历次斗争中牺牲的人民英雄们永垂不朽！"

注：人民英雄纪念碑坐落在北京城中轴线上，坐南朝北，1952 年 8 月 1 日正式动工，1958 年 5 月 1 日揭幕。正面为毛泽东题写"人民英雄永垂不朽"八个镏金大字，背面（南面）为毛泽东撰文，周恩来书写的碑文。

毛泽东题写"人民英雄永垂不朽"和他起草的碑文，思想深邃、内涵博大精深，创建了革命文物思想理论，奠定了革命文物思想理论基石。

纪念碑碑文使革命文物的政治性、思想性和历史性达到高度一致；历史性包括不同革命时期革命对象、目标、任务、路线等基本内容，其主旨是人民革命斗争，反对内外敌人，争取民族独立和人民自由幸福。从而使革命文物概念、范畴、内涵具有很强的政治性和科学性，具有突出的中国革命思想理论特质。

2023 年 5 月 6 日整理

文物学科理论体系述略^①

文物学科理论是文物研究和学科建设与文物事业发展的基础。我们应以习近平新时代中国特色社会主义思想为指导，进一步重视和加强文物学科理论研究和建设工程，以进一步促进中国特色文物学科建设和文物事业发展繁荣。现就文物学科理论体系作简要述论。

一、指导理论

辩证唯物论和历史唯物论是文物研究和学科建设的理论基础，是文物研究和学科建设的重要指导思想，体现了马克思主义理论在文物研究和学科建设中的指导地位和重要作用。

1. 辩证唯物论

辩证唯物主义是"关于自然界、人类社会和思维发展的最一般规律的科学"。它认为："世界是物质的，意识是物质高度发展的产物，是对物质的反映；这种反映是以实践为基础

---

① 原载《中国文物报》，2021 年 4 月 6 日第 3 版。

的能动的辩证的过程，它依赖于实践，又转过来为实践服务；对立统一规律是宇宙最根本的规律，矛盾着的对立面又统一，又斗争，由此推动事物的运动和变化。把辩证唯物主义的原理应用于研究社会生活，就是历史唯物主义。"（《辞海》）

辩证唯物主义的认识论，是"关于人类认识的来源以及认识发展过程的唯一科学的理论"。毛泽东指出："一个正确的认识，往往需要经过由物质到精神，由精神到物质，即由实践到认识，由认识到实践这样多次的反复，才能完成。这是马克思主义的认识论，就是辩证唯物主义的认识论。"

研究文物，或者研究文物专题，或者对文物进行系统研究，就是对文物，对反映政治、经济、军事、科学技术、文化艺术等文物进行研究和诠释，其对文物认识、研究、诠释经历了从研究物质到精神，进而又从精神到物质，不断深化认识的发展过程，是获得对文物文化内涵、科学文化知识正确认识的科学路径，进而传承、发展中华优秀传统文化。

2. 历史唯物论

历史唯物主义是关于人类社会发展普遍规律的科学。它认为："社会历史的发展有着自身所固有的客观规律；物质生活的生产方式决定社会生活、政治生活和精神生活的一般过程；不是社会意识决定社会存在，而是社会存在决定社会意识，社会意识又反作用于社会存在；社会的发展主要是由社会内部矛盾的发展所推动的，生产关系和生产力之间的矛盾、上层建筑和经济基础之间的矛盾，是推动一切社会发展的基本矛盾。"

（《辞海》）它是各门社会科学包括文物科学的理论基础和科学的方法论。

文物是不同时期社会生产、社会生活、社会制度等历史文化遗存，应用历史唯物论认识、研究、诠释文物，就是认识、研究文物产生、功用、发展、传播、交流、互鉴、传承、开拓的主要过程和内容，进而揭示其文化演变和发展的规律，以及历史发展规律，发挥文物的重要作用。

二、基础理论

文物研究和学科建设基础理论，基本上是其综合性理论，主要有：

1. 文物认识论

文物认识论，总的来说是唯物的、辩证的，是衍进、发展、与时俱进，是历史唯物主义和辩证唯物主义应用于文物学科，是唯物辩证史观。

对文物本体的认识，实践是基础，实践出真知，要亲自观察文物，实地调查了解文物，这是关键。一般是从个体（一件或一处）到成套或成组，到组群（或群体），到系列，到系统，……无论对可移动文物，还是不可移动文物的认识，大体如此，逐步加深认识。

从文物认识论来说，人们对文物的认识，是不断提高，逐步深化。而不同时代的人们对文物的认识是不断发展、与时俱进的。后一代人对文物的认识，是在前人对文物认识（或知识）的基础上，结合历史文献，对可移动文物仔细观察，认真研究，或对不可移动文物实地深入调查了解。同时，根据该时代科学技术的进步，对文物认识、研究手段的更新、发展，在广度和深度上进一步揭示文物文化内涵，从而对某些或某类文物的认识进一步发展、深化，其中也包括对某些文物认识的校正。这既是对文物认识的发展，也是文化知识的发展。一代一代人对不同类别文物认识的发展、丰富，逐步构建了它们的知识体系。

文物认识论应用于文物保护利用和管理，应是不同时代或不同时期的人们，特别是文物保护管理实务工作者和研究人员，以古代，特别是近现代不同地区文物保护管理的历史实践和经验为基础，从可移动文物与不可移动文物保护现状出发，调查了解各种保护措施和保护制度，把历史的和现实的，经实践检验是有效的、科学的、合理的保护管理知识和经验，认真归纳、总结，形成丰富的文物保护管理知识体系。

人们对文物本体的认识（或者说对文物的认识）永不会完全，或者说对文物价值的认识永无止境，进而言之，人们对文物本体和文物的认识是不断进步，不断地有新的认识涌现出来，可称为文物认识的永续性，也是人们认识文物的历史。人们对文物保护利用和管理的认识及其发展亦然。（见《李晓东文物论著全集》第一卷、第四卷）

2. 文物文化资源论

文物不可再生文化资源论，是由文物不可再生性和文物的

物质性、时代性（历史性）、不可替代性、价值客观性、作用
永续性等内容在逻辑上连接成整体的理论。

文物的不可再生性，是文物的时代特点决定了文物不能再
生产、制作、建设。文物在产生它的时代的地位是客观存在
的，不以后人的意志为转移。历史的人做历史的事，后人不能
制作出历史上的遗物，即不能制作出文化内涵和历史信息完全
相同的遗物。至于人们出于某种需要，制作的文物复制品，即
使形状、大小相同，所用材质、色调和纹饰基本相同，技艺精
湛，也只是复制品，只能反映制作复制品时代（或年代）的
社会条件、技术水平和工艺，与文物所包含的产生它的时代
（或年代）的文化内涵和历史信息仍有区别。古建筑的复建也
同样如此。

关于文物的物质性、时代性（历史性）、不可替代性、价
值客观性和作用永续性等，笔者在《论文物的特性》等著作
中作了论述。

文物不可再生文化资源理论，是文物研究和学科建设，是确
立保护为主、抢救第一、合理利用、加强管理文物工作方针，是
制定文物保护各项重要措施、构建文物保护制度和文物法律制度
的理论基础。（见《李晓东文物论著全集》第四卷、第六卷）

3. 文物文化多样性和文化"多元一体"论

文物是历史文化载体，从古至今，各类或各种各样文物，
从形体、材质、纹饰、色彩、工艺等方面各种各样，文化内涵
丰富多彩，博大精深，这一切，是文物之文化多样性理论的基

础。同时，从文化发展、文明起源发展，在中国文物考古方面又有其重要特征，文化的多样性本质上反映了中国文化多元一体特征，从而构成了文物学科文化多样性和文化"多元一体"理论。它是对费孝通教授、苏秉琦教授中华文化"多元一体"理论在文物学科上的应用和拓展。

文物上所承载、体现的中华文化"多元一体"本质上是发展的、进步的。它的存在不是孤立的，所谓发展是不断运动和变化的，既有纵向发展，也有横向发展（其中有的文化或者收缩）。在考古学上反映比较明显和突出的是考古学文化，发展、变化反映在文物上，在文化发展、交流中包容、融合，使中华文化生生不息，兴旺发达。

文物承载的中华文化，是"满天星斗"和"多元一体"的模式，奠定了中华文化"多元一体"大格局，其发展形成和奠定了统一的多民族国家的基础。其反映在文物及其承载的文化上，就是中华民族对"多元一体"文化的认同。这种认同是一种文化细胞、文化元素、文化基因，是"多元一体"中华文化形成、发展和统一的多民族国家形成、发展、巩固的重要基础。正因为中华民族在文化认同上有高度的认同感，中华民族的发展、国家的发展才能有五千多年的文明延绵不断，发展到现在，有分布在中华大地上和收藏于博物馆的各种各样、丰富多彩的文物作为历史见证和标识。

笔者在《在边疆地区较少人口民族文物保护研讨会上发言》等著作中，对文物之文化多样性和文化"多元一体"、统一的多民族国家形成、发展均有一定论述。（见《李晓东文物

论著全集》第三卷、第六卷）

4. 文物系统论

文物系统论是运用系统方法将相同或同类文物按照一定秩序和内容联系组合成一个整体，构成一个知识系统；是将系统论应用于文物研究和学科建设形成的理论。

系统论应用于文物研究，主要是对不可移动文物和可移动文物分门别类进行系统的研究，既注意研究不同类别文物的个体，又重视从整体上进行研究，而从整体上进行系统研究是文物学研究的重点，同时，还要研究不同类别的不可移动文物与环境的关系等。总的来说，系统论是从纵向发展方面研究某类文物从产生、发展、传承、再发展或者衰微的理论与方法，也就是以时间为轴线研究文物承载的发展的文化。同时，还应注意横向的传播、交流、互鉴、发展、衰微的状况。

研究、构建的文物发展的总的系统，深度诠释中华百万年文化根系，万年以上文化史，五千多年文明史的连贯性、延绵不断的历史，系统展示中华文化及其传统的长度和深度；而构建的各类文物发展系统标识着、见证着中华文化的宽度、广度、深度和丰富多彩"多元一体"的特征。（见《李晓东文物论著全集》第三卷、第四卷、第六卷）

5. 文物体系论

文物体系论与文物系统论有相同之处，原理上相通。而文物体系论是以某类文物或事项为研究对象，按其内容的内在联系，组成一个体系，即构成一个知识体系，成为一种体系文化。

文物体系论应用于文物保护利用和管理领域，对某一方面的实践经验、保护利用措施和途径、相关知识等进行系统整理、归纳、研究，构建该方面的知识体系。笔者已撰有《中国特色文物保护理论体系述略》《文物保护单位防范体系研究》《略论文物标准体系建设》《略论文物核心价值体系》《文物法律体系概要》和文物利用体系等著作（见《李晓东文物论著全集》第二卷、第五卷、第六卷）。每一体系的基本内容，是该方面事物发展的知识构成的知识链条，是发展的、进步的，是该方面的知识体系和体系文化。

三、重要理论

文物学科重要理论，是关于文物研究和保护利用管理领域某个重要方面，或者类别，或者事项的理论，例如：文物保护单位理论、文物防护治理理论、文物维修理论、文物法治理论……

笔者在《文物学》《文物保护理论与方法》《文物法学：理论与实践》等著作中有不同程度述论（见《李晓东文物论著全集》第二卷、第三卷、第五卷、第六卷）。

2021 年 3 月 5 日

例述文物保护制度创建和发展

2019 年 10 月 1 日，是新中国成立 70 周年。70 年来，我国的文物保护和文物事业不断发展、进步，取得了举世瞩目的重要成绩。创立、开拓，建立了具有中国特色的文物保护制度，确立了基本方针、原则、重大措施等。在这里简单谈一些史实和认知。

例 1：建立文物出口许可证制度，禁止珍贵文物图书出口。

1950 年 5 月 24 日，中央人民政府政务院令，颁发《禁止珍贵文物图书出口暂行办法》，这是新中国中央人民政府颁发的第一个文物法令。它确立了新中国文物出口实行许可证制度，禁止 11 类珍贵文物图书出口。至今仍坚持实行这一制度，70 年，一以贯之。为了贯彻这一制度，1960 年文化部、对外贸易部颁发了《文物出口鉴定标准的几点意见》，并附《文物出口鉴定参考标准》，列有 21 大类 63 小类文物，规定了一些重要原则，一直贯彻执行到 2007 年。根据新的情况，对禁止、限制文物出口的年限等作了一些调整，以更好地贯彻执行文物出口许可证制度，禁止珍贵文物图书出口，保障我国文物安全。

例 2. 建立考古发掘申报制度，对考古发掘作出重要规定。

1950 年 5 月 24 日，中央人民政府政务院令，颁发《古文化遗址及古墓葬之调查发掘暂行办法》（以下简称《办法》），《办法》明文规定："凡地下埋藏及发掘所得之古物、标本概归国有。"这一重要原则规定，在《中华人民共和国文物保护法》中进一步规定："中华人民共和国境内地下、内水和领海中遗存的一切文物，属于国家所有。"考古发掘申报制度坚持至今，并不断完善。

例 3. 创建群众参与文物保护、公布文物保护单位制度。

1956 年，国务院发出《关于在农业生产建设中保护文物的通知》（以下简称《通知》）。在中国特色文物保护制度建设中，该《通知》具有划时代的历史价值和影响深远的重要意义。《通知》涉及在农业生产中保护文物的重要原则和措施，其核心内容有：一、动员、组织广大群众参与文物保护；二、公布文物保护单位；三、保护大城址（大型古遗址）；四、把文物保护纳入农村全面建设规划。从文物保护制度建设上进行了构建。

创建动员、组织群众参与文物保护制度。《通知》从我国农村广大地区文物保护的艰巨性、重要性出发，提出动员、组织广大群众保护文物的必要性和必然性，对做好这项工作提出了明确要求和措施。在此后我国经济社会发展的不同时期、不同地区，群众参与文物保护的广度和深度，参与保护文物的组织形式和工作方法，都与时俱进，作出调整，发挥了重要作用。在我国文物法律法规和规范性文件中，对群众参与文物保护均作了规定，如 1982 年和 2002 年《中华人民共和国文物保护法》规定个人有依法保护文物的义务，对保护文物有功的应给予奖励等。又如 2003 年《中华人民共和国文物保护法实施条例》第十二条规定了建立群众性文物保护组织，聘请文物保护员，文物行政主管部门对其活动给予指导和支持等。

建立文物保护单位制度。《通知》要求在全国范围对"历史和革命文物"进行普查，首先就已知的重要文物提出文物保护名单，由省级政府（人民委员会）批准公布，做出标志。根据《通知》要求，开启了第一次全国文物普查，各省在一两年内公布了一批省级文物保护单位。1961 年"暂行条例"（即《文物保护管理暂行条例》）对公布文物保护单位和对其进行"四有"工作作出明确规定，同时，国务院公布了第一批全国重点文物保护单位 180 处。从此，由实践到法规规定，再到实践，确立了中国特色文物保护单位制度。1982 年和 2002 年《中华人民共和国文物保护法》和 2003 年《中华人民共和国文物保护法实施条例》，以及"四有"规范等，对文物保护单位分级公布、保护原则和保护措施等，均作出了明确规定。至今，全国重点文物保护单位已公布了七批，总数达 4296 处。文物保护单位制度，已成为我国保护不可移动文物的重要制度。

以上几例所述，是中国特色文物保护制度系统工程建设的重要组成部分。70 年文物保护实践、理论探索、制度构建，已构筑起中国特色文物保护利用之路，在习近平新时代中国特色社会主义思想指引下，应继续建设它、发展它、坚持它。

2019 年 8 月 16 日

文物保护制度体系构架^①

　　2019 年 10 月 31 日，中国共产党第十九届中央委员会第四次全体会议通过了《中共中央关于坚持和完善中国特色社会主义制度　推进国家治理体系和治理能力现代化若干重大问题的决定》。《决定》是具有重要划时代里程碑意义的纲领性文献，阐述了具有深厚中华文化根基、深得人民拥护的中国特色社会主义制度和国家治理体系具有多方面的显著优势，具有强大生命力和巨大优越性。《决定》提出国家治理中制度建设的重要性，具有重大现实和历史意义。

　　笔者认真学习《决定》，同时联系新中国文物保护实践和经验，联系文物保护制度和文物法律制度建设历程进行思考、研究，有的方面已写了文章，以体系思维对文物保护各项制度梳理和分析，初步整理成文物保护制度体系构架。笔者希望能与文物界专家学者进一步讨论、研究。

---

① 　与彭蕾合作。原载《中国文物报》，2020 年 6 月 12 日第 3 版，6 月 21 日文博在线、澎湃网转载。

一、文物保护制度体系构架

1. 文物保护根本制度

文物保护根本制度，是《中华人民共和国宪法》规定的保护制度。《中华人民共和国宪法》第二十二条第二款规定："国家保护名胜古迹、珍贵文物和其他重要历史文化遗产。"文物保护根本制度的核心内容是《中华人民共和国文物保护法》规定的"保护为主、抢救第一、合理利用、加强管理"的方针。它们在文物保护制度中的地位、逻辑关系是十分明确的，保护、利用必须依法进行，也必须依法对其加强管理。对此，都必须坚守。

习近平总书记在党的十九大报告中明确要求："要加强文物保护利用。"它充分体现了文物保护制度对保护、利用的本质要求。在文物保护制度中，具有统领地位的是中国共产党的领导制度。

2. 文物保护基本制度

随着中华人民共和国文物保护事业的深入发展，文物保护各项基本制度和重要制度逐步创建、建立，在文物保护实践中不断总结、发展，同时，以保护实践和经验为基础，对各项制度进行规范，以文物法律法规形式法制化，形成文物法律制度。

文物保护基本制度，在《中华人民共和国文物保护法》

中都有明确规定，主要有：

　　文物所有权制度；

　　政府主导群众参与文物保护制度；

　　文物保护单位制度；

　　文化名城保护制度；

　　文物建筑维修保护制度；

　　考古工作制度；

　　馆藏文物保护制度；

　　民间文物收藏保护制度；

　　文物科研宣传出版制度；

　　出入境文物审核许可制度；

　　文物安全防范与督察制度；

　　革命文物保护制度；

　　文物科技保护制度；

　　文物管理制度。

3. 文物保护重要制度

　　在《中华人民共和国文物保护法》、文物行政法规、地方性法规以及部门规章中，对文物保护重要制度作出明确规定的主要有：

　　尚未公布为文物保护单位的不可移动文物登记保护制度；

　　大型遗址保护制度；

　　水下文物保护制度；

　　长城保护制度；

民族民俗文物保护制度；

馆藏文物展陈制度；

馆藏文物定级制度；

文物商店和文物拍卖机构的文物审核制度；

文物对外交流与合作制度；

文物安全消防制度；

文物风险等级与文物安全防范制度；

文物保护专项经费补助制度；

流失文物追索制度；

文物保护规划制度。

4. 文物保护一般制度

文物保护一般制度，是指根据文物保护根本制度、基本制度和重要制度与相关法律规范，对文物保护某个方面或某类文物或某项文物等，制定进一步的细化规范，在实施中，根据保护情况的发展变化，适时作出修改调整或者终止。

文物保护一般制度，主要有国务院文物主管部门和省级人民政府制定公布的规范性文件、采取的制度措施。

二、文物保护制度的几个相关问题

1. 文物保护制度与国家制度

文物保护制度遵循国家制度和法律制度逐步创建、发展起来，并逐渐形成文物保护制度体系。它从属于国家制度体系，是国家制度体系的组成部分，特别是国家先进文化制度和哲学社会科学的重要组成部分。因此，文物保护制度及其体系建设，必须遵循"坚持马克思主义在意识形态领域指导地位的根本制度"。

2. 文物保护制度与文物法律制度

文物保护各项制度，随着新中国文物保护事业的发展，适时创建或建立，在文物保护实践中，不断总结经验，不断发展、完善。同时，从中国文物特点和中国国情出发，以文物保护实践及经验为基础，及时总结实践中的好经验好做法，成熟的经验和做法可以上升为制度、转化为法律。对各项文物保护制度进行规范，以文物法律法规形式加以法制化，形成文物法律制度，使其更具有稳定性和有效性。中国特色文物保护制度体系和中国特色文物法律体系有着深度的关联性。

3. 文物保护制度的稳定性与发展

作为一种制度，应具有内容的规范性、稳定性和实施的长期性、有效性等特质。文物保护制度的稳定性保证了文物事业长久、健康发展，文物保护制度的有效实施和所取得的举世瞩目的成绩，充分证明了它的科学性、稳定性和有效性。同时，文物保护制度的稳定性，又有文物法律制度作保障，保障文物事业不断发展、繁荣。

文物保护制度的稳定性，是其科学性、合理性、规律性所决定的，进而通过法律法规加以法制化，使其贯彻执行有了法律保障，更好地发挥中国特色文物保护制度优势。

　　在实施过程中，随着国家经济社会发展和文物保护实际情况变化，需要对某项保护制度的内容或形式、路径，在实践的基础上做出必要调整，应深入调研，有序进行，使其进一步完善，更有利于该项文物保护事业。

　　一项制度的生命力在于实践，同时，也在于自身发展，只有在稳定中发展，在实施中完善，这项制度才具有强大的生命力。2018年10月，中共中央办公厅、国务院办公厅印发《关于加强文物保护利用改革的若干意见》，标志着文物事业改革进入国家改革总体部署，文物事业发展随之步入新的时代、新的阶段。自此之后，文物保护制度也应作出相应调整并进一步健全。

革命文物保护法规创建发展述略^①

  2019 年是新中国成立 70 周年。70 年来，我国革命文物保护取得了举世瞩目的成绩，特别是党的十八大以来，在以习近平同志为核心的党中央坚强领导下，革命文物保护事业大发展、大繁荣，达到了前所未有的高水平。回顾历史，中国共产党和国务院颁发一系列革命文物保护法规、法规性文件，全国人大常委会制定的法律中也对革命文物保护作出规定。70 年来，革命文物法规不断发展完善。

一、创建阶段

  1950 年 5 月 24 日，中央人民政府政务院令，颁发《禁止珍贵文物图书出口暂行办法》，这是新中国成立后颁发的第一个文物法令，第一条明确规定"为保护我国文化遗产，防止有关革命的……珍贵文物图书流出国外，特制定本办法"。第二条规定一律禁止出口的文物图书第一项就是"革命文献及

---

① 原载《中国文物报》，2019 年 11 月 29 日第 3 版（上）、12 月 3 日第 3 版（中）、12 月 10 日第 3 版（下）。

实物"。

1950 年 6 月 16 日, 中央人民政府政务院"为征集革命文物"令, 该令是为业已在京成立的中央革命博物馆筹备处征集革命文物而颁发的。关于革命文物征集的范围, 该令第一项规定:"革命文物之征集, 以五四以来新民主主义革命为中心, 远溯鸦片战争、太平天国、辛亥革命及同时期的其他革命运动史料。"第二项规定征集革命文献与实物, 举例列出若干种, 同时列出"在革命战争中所缴获的反革命文献和实物等", 均在征集之列。

该令作为中央人民政府政务院令, 第一次明确提出"革命文物"概念, 具有重要价值和意义, 影响深远。由于该令是为征集革命文物, 所列征集革命文献与实物, 均为可移动的革命文物, 未涉及不可移动的革命文物, 如革命遗迹、遗址、旧址等。

1950 年 7 月 6 日, 中央人民政府政务院《关于保护古文物建筑的指示》中第一项是"凡全国各地具有历史价值及有关革命史实的文物建筑, 如革命遗迹及古城郭……及以上各建筑物内之原有附属物, 均应加强保护, 严禁毁坏"。在这一指示中, 作为中央人民政府政务院文件第一次提出了"革命遗迹"以及"有关革命史实的文物建筑"作为文物建筑的一种应加强保护, 也就把革命文物从可移动文物扩展到不可移动文物, 是一重要拓展, 意义重大。

1951 年 5 月 7 日, 中央人民政府文化部、内务部令公布经政务院批复同意的《关于管理名胜古迹职权分工的规定》,

第一项规定："革命史迹、烈士陵园……由内务部主管。其中具有重大历史文化、艺术价值的，内务部应会同文化部加以保护管理。""革命史迹、烈士陵园"具有革命历史价值和作用，从总体上讲，应属于不可移动革命文物，同时，把"烈士陵园"作为重要一类单独列出，其影响深远。

在文化部、内务部令同时公布的《关于地方文物名胜古迹的保护管理办法》中，规定了"在文物古迹较多的省、市设立'文物管理委员会'，直属该省、市人民政府。文物管理委员会以调查、保护并管理该地区的古建筑、古文化遗址、革命遗迹为主要任务"。"文物管理委员会"是新中国成立后各省市普遍建立的保护管理文物的机构，在保护管理文物工作中发挥了重要作用，建立了重要功绩，至今一些省区市仍建立有文物保护管理委员会。历史证明，它是一种适合文物保护管理工作的综合、协调、管理机构。

1953 年 10 月 12 日，中央人民政府政务院发出《关于在基本建设工程中保护历史及革命文物的指示》，"革命文物"第一次出现在政务院文件的标题中。在"指示"第一项，明确要求"各级人民政府对历史及革命文物负有保护责任，应加强文物保护的经常工作。"要"通过历史及革命文物加强对人民的爱国主义教育"。这一规定的重要价值和意义，是确立了通过文物对人民群众进行爱国主义教育，是发挥文物宣传教育作用的永恒主题。

在政务院这一"指示"中，就历史及革命文物在基本建设中如何做好保护规定了多项措施，如"文化部应调查确属

必须保护的地面古迹及革命建筑物陆续列表通知各级人民政府
及有关单位注意保护"。这对革命文物之革命建筑的保护尤为
重要。

1956 年 4 月 2 日，国务院发出《关于在农业生产建设中
保护文物的通知》，从新中国文物保护历史全局高度观察，这
一《通知》所确立的多项文物保护措施完全符合中国文物特
点、中国国情。如创建群众参与文物保护、公布文物保护单
位、保护大城址（大型古遗址）、把文物保护纳入农村建设全
面规划等。这些保护文物包括保护"革命遗迹""革命遗址"
"革命文物遗迹""历次革命战争中有重要价值的地点"等重
大措施，从新中国文物保护实践证明来看是完全正确的，对文
物包括革命文物实施了有效保护和管理。

《通知》所确立的各项文物包括革命文物保护重要措施，
奠定了我国人民群众参与文物保护制度、文物普查制度、公布
文物保护单位制度、保护大型古遗址和"历次革命战争中有
重要纪念价值的地点"制度、把重要文物包括革命遗址纳入
城乡建设规划制度等文物保护制度基石。该《通知》在创建
中国特色文物保护制度史上，具有重要里程碑价值和意义。同
时，由该《通知》所创建的各项文物包括革命文物保护制度，
与此前新中国成立伊始所建立的文物出口实行许可证制度、考
古发掘实行申报审批制度、革命文物征集保护制度、古文物建
筑和革命遗迹保护制度等，肇建了中国特色文物保护制度系统
建设工程基础，价值重大，影响深远。

1960 年 7 月 12 日，文化部、对外贸易部《发布关于文物

出口鉴定标准的几点意见》（以下简称《意见》）。同时，附有《文物出口鉴定标准》。该文件所规定原则、措施和鉴定标准，是 1950 年 5 月 24 日中央人民政府政务院（现国务院）颁发的《禁止珍贵文物图书出口暂行办法》（以下简称《办法》）的进一步发展、完善，如《办法》规定禁止珍贵文物图书出口的文物、图书有 11 类，"文物出口鉴定标准"禁止和限制珍贵文物图书出口的种类达 21 大类 63 小类；又如《办法》规定"革命文献及实物"禁止出口，《意见》关于出口文物鉴定标准的原则中规定："革命文物、不论年限原则上一律禁止出口。"在概念上由"革命文献及实物"拓展为"革命文物"，范围更广，种类更多，是革命文物保护工作的重要发展，在革命文物保护法规建设上也是重要拓展。

1961 年 3 月 4 日，国务院发出《关于进一步加强文物保护和管理工作的指示》（以下简称《指示》），《指示》明确指出："建国以来，在中国共产党和人民政府的领导下，采取了一系列措施，进行了历史上从未有过的文物保护工作，并且通过陈列、展览等活动，向广大人民进行了革命传统教育和爱国主义教育，为科学研究提供了丰富的资料，成绩是很大的。"《指示》强调："文物保护是一项重要工作。我国丰富的革命文物和历史文物，是世界人类进步文化的宝贵遗产。……凡是具有历史、艺术、科学价值的文物，都应当妥善保护，不使遭受破坏和损失"。

它是国务院为贯彻执行同日颁发的《文物保护管理暂行条例》而发出的指示，是一份重要的文物政策文件。需要特别指出的，一是把"革命文物和历史文物"并列，指出它们是"世界人类进步文化的宝贵遗产"。这是对"革命文物"重要价值和作用在认识上进一步升华之后，对其重要地位在国务院重要指示中新的定位，对革命文物保护实践和理论研究是一项重要历史贡献。

二是进一步确认文物具有历史、艺术、科学价值，基于上述第一点，革命文物同样具有历史、艺术、科学价值。对革命文物而言，这样认定革命文物的历史、艺术、科学价值还是第一次，其实践和理论上的重要性是不言而喻的。

三是《指示》对"革命文物和历史文物"向广大人民进行宣传教育的重要作用定位为"进行革命传统教育和爱国主义教育"，对文物是向群众进行爱国主义教育主题的重要拓展，体现了革命文物的本质特征，这一点尤为重要。

1961 年 3 月 4 日，国务院颁发《文物保护管理暂行条例》。它是新中国成立以来文物法规建设的总结和发展，是国务院颁发的第一部文物保护综合行政法规，在新中国文物法规建设史上是一个里程碑。革命文物的重要地位在《暂行条例》中得到体现，作出了一系列重要规定。

《暂行条例》第一条规定："在中华人民共和国境内，一切具有历史、艺术、科学的文物，都由国家保护，不得破坏和擅自运往国外。"文物具有历史、艺术、科学价值，在法规上得到进一步确认。文物具有历史、艺术、科学价值的核心是文化。正如上述《指示》指出的"革命文物和历史文物，是世界人类进步文化的宝贵遗产"。

第二条规定了国家保护文物的范围，第一项是"与重大历史事件、革命运动和重要人物有关的、具有纪念意义和史料价值的建筑物、遗址、纪念物等"。第四项是"革命文献以及具有历史、艺术和科学价值的古旧图书资料"。《暂行条例》这两项规定，涵盖了革命文物的两大类，即不可移动的革命文物，如纪念建筑物、革命遗址等；可移动的革命文物，如纪念物、革命文献资料及图书资料等。这些规定，是革命文物在文物法规史上一次比较全面的表述，具有开创意义。

第四条规定要求对文物进行经常调查，"陆续选择重要的革命遗址、纪念建筑物……根据它们价值的大小"确定为县（市）级或省级文物保护单位。同时规定，文化部应当在省级文物保护单位中，"选择具有重大历史、艺术、科学价值的文物保护单位，分批报国务院核定公布，作为全国重点文物保护单位。"在 1961 年 3 月 4 日国务院公布的第一批全国重点文物保护单位 180 处中，有"革命遗址及革命纪念建筑物"33 处。1982 年 2 月 23 日国务院公布的第二批全国重点文物保护单位62 处中，有"革命遗址及革命纪念建筑物"10 处。

第五条规定了各级政府对公布的文物保护单位应当"划出必要的保护范围，作出标志说明，并且建立科学的记录档案"。"对于特别重要的文物保护单位，省自治区、直辖市可以设置博物馆、研究所、保管所等专门机构。"这四项工作是文物保护单位保护、研究、宣传、管理的基础工作，简称"四有"工作。各地贯彻《暂行条例》，以文物保护单位"四有"工作为重点，逐步开展和加强文物包括革命文物保护工作。

1963 年 4 月 17 日，文化部根据《暂行条例》制定颁发了《文物保护单位保护管理暂行办法》，加强文物保护单位保护管理，对"四有"工作进行规范，加强了该项工作的科学性。

1963 年 8 月 27 日，文化部根据《暂行条例》制定颁发了《革命纪念建筑、历史纪念建筑、古建筑、石窟寺修缮暂行管理办法》。从革命文物保护维修、修缮方面讲，第一次将"革命纪念建筑、历史纪念建筑"等纳入文物法规进行规范，所确立的基本原则和技术规范、要求等，对在维修、修缮中保护革命文物建筑的原状和革命文物内涵、氛围等发挥了重要作用。

《文物保护管理暂行条例》和根据《暂行条例》制定颁发的《文物保护单位保护管理暂行办法》《革命纪念建筑、历史纪念建筑、古建筑、石窟寺修缮暂行管理办法》和经国务院批准颁发的《古遗址、古墓葬调查、发掘暂行管理办法》等，初步构建起文物法规体系，"革命文物和历史文物"保护管理工作进一步规范、加强，逐步纳入文物法规轨道。

二、发展阶段

1982 年 11 月 19 日，第五届全国人民代表大会常务委员会第二十五次会议通过了《中华人民共和国文物保护法》（以下简称《文物保护法》），并公布实施。《文物保护法》的制定、公布，是文物保护法律制度建设的重要里程碑。它是我国文化领域第一部法律。它以《暂行条例》为基础，根据我国经济社会发展和文物保护中出现的新情况、新问题，按照文物特点和文物工作规律研究制定。它既体现了文物法规创建阶段文物法规体系重要成果，又标志着文物法律法规发展，并启动构建文物法律体系的进程。

《文物保护法》第一条规定："为了加强国家对文物的保护，有利于开展科学研究工作，继承我国优秀的历史文化遗产，进行爱国主义和革命传统教育，建设社会主义精神文明，特制定本法。"这一立法宗旨，包括了革命文物，应是不言自明的。

第二条，关于国家保护具有历史、艺术、科学价值的文物范围，第（二）项和第（四）项规定内容和文字表述，与前述《暂行条例》第二项和第四项关于革命文物范围的规定基本相同。只是在第（二）项"……具有重要纪念意义……"表述中增加了"重要"一词。同样在第（四）项"重要的革命文献……"表述中增加了"重要的"一词。虽然如此，它的重要性在于把文物包括革命文物具有历史、艺术、科学价值上升为法律规定；把革命文物的范围种类同样上升为法律规定，其法律价值和效力也上升一个层级。

《文物保护法》中关于革命文物保护方面的规定，总体上可分为两种情况，一种是在《暂行条例》等法规中已有的规定内容，上升为法律规定，层级和效力提高，加强对革命文物的法律保护，如关于公布文物保护单位、做好文物保护单位"四有"工作、革命纪念建筑维修、保护和文物出境的原则等，本文原则上不重复引用、阐述。

第二种情况是在《文物保护法》中对革命文物新的重要规定，本文重点引用和阐述。如在"总则"一章中，第四条规定："国家指定保护的纪念建筑物……除国家另有规定的以外，属于国家所有。"第五条规定："属于集体所有和私人所有的纪念建筑物……其所有权受国家法律的保护。文物的所有者必须遵守国家有关保护管理文物的规定。"在第二章第八条有关于公布文化名城的规定。

上述关于革命文物之不可移动文物所有权分别属于国家所有、集体所有和个人所有的规定，是文物法律中第一次作出的规定，是革命文物法律的重要发展。同时，在第四条第三款规定："国家机关、部队、全民所有制企业、事业组织收藏的文物，属于国家所有。"这是文物法律中第一次对"收藏的文物"所有权作出的明确规定，其中包括收藏的可移动的革命文物藏品，也是革命文物法律规定的重要发展。

《文物保护法》第四章"馆藏文物"中，第二十二条规定"全民所有的博物馆、图书馆和其他单位对收藏的文物，必须区分等级，设置藏品档案，建立严格的管理制度，并向文化行政管理部门登记。"这条法律规定"收藏的文物"包括革命文物和历史文物。对收藏的文物区分等级、设置藏品档案、建立严格的管理制度等具体内容、要求、程序等，在1986年6月19日文化部颁发的《博物馆藏品管理办法》中都有具体规定，同时明确该"办法"根据《文物保护法》有关条款制定。

关于收藏的文物区分等级，上述"办法"规定："藏品必须区分等级，一般分为一、二、三级。其中，一级藏品必须重点保管。"1987 年 2 月 3 日，文化部颁发的《文物藏品定级标准》中，"一级文物为具有特别重要价值的代表性文物"，在其标准中所列 13 项，多项涉及革命文物，如："反映中华民族抗御外侮、反抗侵略的历史事件和重要历史人物的代表性文物"；"反映有关国际共产主义运动中的重大事件和杰出领袖人物的革命实践活动，以及为中国革命作出重大贡献的国际主义战士的代表性文物"；"反映中国共产党成立以来及其有关重大历史事件、领袖人物、著名烈士的代表性文物"；"反映有关中国各党派、团体的重大事件、重要人物和爱国侨胞及其他社会知名人士的具有代表性的文物"等。

二级文物，《文物藏品定级标准》规定为"具有重要价值的文物"，列出了 10 项。三级文物为"具有一定价值的文物"，列出了 8 项。二级和三级文物标准所列一些项的内容也都涉及革命文物。

同时，在这个标准之后，还附有《一级文物定级标准举例（供参考）》，也都涉及革命文物。

《博物馆藏品管理办法》和《文物藏品定级标准》是文化部贯彻《文物保护法》有关规定，制定颁发的两个政府行政规章，前者对文物藏品加强依法、科学保护管理，后者对文物藏品加强分级、规范和科学管理都有重要价值。两个法规性文件，是文物藏品保护管理几十年经验和科学研究的重要成果，是文物藏品保护管理法规的重要发展。对馆藏革命文物来讲，其价值和意义同样如此。

1986 年 7 月 12 日，文化部颁发《纪念建筑、古建筑、石

窟寺等修缮工程管理办法》。该《办法》根据《文物保护法》
有关规定，为加强文物修缮管理工作和提高修缮工程质量，对
前述 1963 年《办法》进行修订，内容更加丰富，要求更加明
确、规范，是文物修缮法规的进一步发展，对依法做好"革
命文物和历史文物"修缮提供了重要法规保障。

1991 年 3 月 25 日，国家文物局发布《全国重点文物保护
单位保护范围、标志说明、记录档案和保管机构工作规范
（试行）》（以下称"《工作规范（试行）》"），以加强对全
国重点文物保护单位的保护管理工作。

在《工作规范（试行）》第二章划定保护范围中，第三
条规定："保护范围是对文物保护单位本体及周围一定范围实
施重点保护的区域。在保护范围内不得在地面、地下及空中从
事危害文物保护单位安全的活动。……占地面积大或情况复杂
的，可以根据实际需要在保护范围内划分重点保护区和一般保
护区。"

第四条规定："保护范围根据文物保护单位的类别、规
模、内容及周围环境的历史与现实情况合理划定。确定保护范
围的原则是保证下列文物的完整性，并在文物保护单位本体之
外保持一定的安全距离。"

"革命遗址、纪念建筑物……的单体、群体及附属建筑。"

第五条规定："根据文物保护的实际需要划定建设控制地
带。……建设控制地带内不得安排直接或间接从空中或地下对
文物构成危害和破坏文物保护单位环境风貌的建设项目。
……"

第三章树立标志说明牌，第六条规定："标志须标示该文物保护单位的级别、名称、公布机关、公布日期、树标机关以及树标日期等。树标机关为省、自治区、直辖市人民政府。"

第九条规定："全国重点文物保护单位的说明可书写在标志牌的背面，也可另立说明牌。说明文字为简要介绍文物保护单位名称、时代、性质、内容、价值和保护范围等。"

其他条分别对标志牌形式、大小、质地、书写字体作出规定；对民族自治地方应同时树立用当地少数民族文字书写的标志牌和说明牌等作出规定。

第四章建立记录档案，第十三条规定："记录档案包括对文物保护单位本身的记录和有关文献史料，内容分为科学技术资料和行政管理文件，形式有文字、摄影（照片、幻灯片、电影胶片）、录像、绘图、拓片、摹本、计算机磁盘及其他信息载体。"

其他条分别规定："记录档案分为主卷、副卷和备考卷。"各卷包括的具体内容，等等。

第五章建立健全保管机构。

国家文物局发布的《工作规范（试行）》是一份重要的法规性文件，是文物保护单位开展"四有"工作以来，在工作实践中经验积累、总结和科学研究基础上制定的，是文物保护单位"四有"工作第一部"工作规范"，也应是"四有"工作的标准，同时，也是革命文物保护单位"四有"工作标准。它的制定和贯彻执行，对切实做好文物（包括革命文物）保护单位"四有"基础工作，提高"四有"规范性和科学水平，充分发挥其作用，具有重要价值和意义。

1992年4月30日，国务院批准，1992年5月5日，国家文物局发布实施《中华人民共和国文物保护法实施细则》（以下简称"《实施细则》"）。它对《文物保护法》的一系列规定作出细化的规定，对于贯彻执行《文物保护法》，加强文物保护管理具有重要价值和作用。《实施细则》有若干重要规定，如："纪念物、艺术品、工艺美术品、革命文献资料、手稿、古旧图书资料以及代表性实物等文物，分为珍贵文物和一般文物，珍贵文物分为一、二、三级。"这是对可移动的"革命文物和历史文物"区分等级的重要规定。

又如，对"尚未公布为文物保护单位的，由县、自治县、市人民政府予以登记，并加以保护。"这一规定，使尚未公布为文物保护单位的革命遗址、革命旧址、革命纪念建筑、革命石刻、壁画等不可移动文物保护有了重要法规依据，产生了重要影响。

再如，在文物保护单位的"建设控制地带内，不得建设危及文物安全的设施，不得修建其形式、高度、体量、色调等与文物保护单位的环境风貌不相协调的建筑物和构筑物。"这一规定对革命遗址、革命建筑等文物保护单位的历史环境风貌的保护尤为重要。

《实施细则》还规定："纪念建筑物、古建筑等文物已经全部毁坏的，不得重新修建；因特殊需要，必须在另地复建或者在原址重建的，应当根据文物保护单位的级别，报原核定公布机关批准。"对革命纪念建筑和古建筑复建或重建，是一项科学性要求很高的修建工程，必须保证它符合原形制、结构、体量、用材、色调、技术工艺等，对革命纪念建筑复建或重建，还有很强的政治考量，应当严肃、认真对待法规这一重要规定。

《实施细则》是行政法规，它是文物保护规定的原则和重要措施，也是保护革命文物的规定，应全面理解和贯彻执行。

2002 年 10 月 28 日，第九届全国人大常委会第三十次会议通过了修订的《中华人民共和国文物保护法》，由国家主席以主席令公布实施。它是我国贯彻依法治国方略、全面加强文物保护法制建设和进一步完善文物保护法律制度的重大举措，为在社会主义市场经济体制下，进一步加强文物包括革命文物保护管理工作提供了重要法律保障，标志着我国文物法制建设、文物保护管理工作和文物事业进入一个新的发展阶段。

2002 年《文物保护法》是 1982 年《文物保护法》的继承、发展和完善，是文物法制建设与时俱进的重大成果和新的重要里程碑。新的《文物保护法》重大发展主要表现在三个方面：1. 进一步加大了文物保护措施；2. 进一步规范了文物市场；3. 进一步加大了执法力度。

新的《文物保护法》一系列新的重大措施，极大地提高了保护文物的力度，对革命文物的保护同样如此，这是不言而喻的道理。

2002 年《文物保护法》新的重要规定，如，第四条规定："文物工作贯彻保护为主、抢救第一、合理利用、加强管理的方针。"

如，第五条第三款规定："国有不可移动文物的所有权不因其所依附的土地所有权或者使用权的改变而改变。"第五款规定："属于国家所有的可移动文物的所有权不因其保管、收藏单位的终止或者变更而改变。"第六款规定："国家文物所有权受法律保护，不容侵犯。"

如，第六条规定："属于集体所有和私人所有的纪念建筑物、古建筑和祖传文物以及依法获得的其他文物，其所有权受法律保护。文物的所有者必须遵守国家有关文物保护的法律、法规的规定。"

如，第十条第三款规定："国有博物馆、纪念馆、文物保护单位等的事业性收入，专门用于文物保护，任何单位或者个人不得侵占、挪用。"

如，第十一条规定："文物是不可再生的文化资源。"

如，第二章不可移动文物，第十四条规定："保存文物特别丰富并且具有重大历史价值或者革命纪念意义的城市，由国务院核定公布为历史文化名城。"第二款规定："保存文物特别丰富并且具有重大历史价值或者革命纪念意义的城镇、街道、村庄，由省、自治区、直辖市人民政府核定公布为历史文化街区、村镇，并报国务院备案。"

如，第十九条关于保护文物保护单位环境以及对污染文物的设施限期治理的规定。

如，第二十一条规定："建设工程选址，应当尽可能避开不可移动文物；因特殊情况不能避开的，对文物保护单位应当尽可能实施原址保护。"

如，第二十四条规定："国有不可移动文物不得转让、抵押。建立博物馆、保管所或者辟为参观游览场所的国有文物保护单位，不得作为企业资产经营。"

如，第二十五条规定："非国有不可移动文物不得转让、抵押给外国人。"

......

2002 年《文物保护法》上述重要规定，是加强不可移动革命文物和可移动革命文物的重要法律依据。

2003 年 5 月 18 日，国务院令第 377 号，公布实施《中华人民共和国文物保护法实施条例》，对 2002 年《文物保护法》规定进一步作出细化的规定，以有利于贯彻执行、落实《文物保护法》，更好地保护祖国文物，发展文物保护事业。

1982 年《文物保护法》公布实施之后，到 20 世纪 90 年代，有 27 个省、自治区、直辖市人大常委会根据《文物保护法》制定、公布本省、区、市的文物保护条例。2002 年《文物保护法》公布实施后，省、区、市人大常委会根据新的《文物保护法》，修订或制定了文物保护条例。这些以《文物保护法》为依据制定的文物保护条例，结合本省、区、市文物情况，对"革命文物和历史文物"以及民族文物等作出规定。这些地方性文物法规也是做好革命文物保护的法规依据。

自 1982 年《文物保护法》公布实施以来，我国文物法律法规制度不断发展，以宪法为核心，由《文物保护法》、行政法规《文物保护法实施条例》、地方性法规文物保护条例，以及行政规章等构成的中国特色文物法律体系已经形成，为中国文物包括革命文物保护提供了比较系统、完备的法律法规保障。

三、发展、完善阶段

党的十八大以来，习近平总书记对文物、革命文物工作做了一系列重要指示批示和重要论述。在以习近平同志为核心的党中央坚强领导下，我国文物包括革命文物保护利用工作快速发展、繁荣，革命文物法规建设不断发展和完善。

2016年3月4日，《国务院关于进一步加强文物工作的指导意见》发布。《指导意见》分为：一、重要意义；二、总体要求；三、明确责任；四、重在保护；五、拓展利用；六、严格执行；七、完善保障。七部分指导意见，是对整个文物工作的指导意见；革命文物是中国文物的重要组成部分，《指导意见》对革命文物加强保护利用是完全适用的，只有这样认识和贯彻执行，才能进一步推进革命文物工作不断发展，充分发挥革命文物的作用。

2017年9月9日，国务院办公厅发布《关于进一步加强文物安全工作的实施意见》。《实施意见》分为五部分：一、健全落实文物安全责任制；二、加强日常检查巡查，严厉打击违法犯罪；三、健全监管执法体系，畅通社会监督渠道；四、强化科技支撑，提高防护能力；五、加大督察力度，严肃责任追究。认真贯彻落实《实施意见》，对加强革命文物安全工作、保障革命文物安全十分重要。如，对文物保护单位中革命遗址、革命纪念建筑等安全防护设施建设，博物馆、纪念馆风险等级单位的安全防护设施建设；又如，对未批先建、破坏损毁文物（包括革命文物）本体和环境、影响革命文物（革命遗址、革命纪念建筑等）历史风貌的违法行为的追究，等等。

2018 年 7 月 29 日，中共中央办公厅、国务院办公厅正式发布《关于实施革命文物保护利用工程（2018—2022 年）的意见》。它是新中国成立以来，中共中央办公厅、国务院办公厅联署发布的第一件专门保护革命文物的重要文件，是新时代全面加强革命文物保护利用的纲领性文件。党的十八大以来，习近平总书记对革命文物工作十分重视，对革命文物保护利用作出重要指示批示 20 多次，考察革命旧址、革命博物馆纪念馆 30 次以上，对革命文物保护利用提出一系列新思想、新观点、新要求，为加强新时代革命文物保护利用提供了根本遵循。《意见》充分体现了以习近平同志为核心的党中央对革命文物工作高度重视，是党中央全面部署新时代革命文物工作的指导性文件。

《意见》分为：一、重要意义；二、总体要求，分为：指导思想、基本原则、发展目标；三、主要任务，分为：夯实革命文物基础工作、加大革命文物保护力度、拓展革命文物利用途径、提升革命文物利用水平、创新革命文物传播方式；四、重点项目，分为：百年党史文物保护展示工程、革命文物集中连片保护利用工程、长征文化线路整体保护工程、革命文物主题保护展示工程、革命文物陈列展览精品工程；革命文物宣传传播工程；五、实施保障，分为：加强组织领导、加大财政投入、完善法规政策、加强督促检查。

《意见》提出一些新的概念、保护原则和措施等，是新时代革命文物保护法规建设发展和完善阶段的重要成果。

2018 年 10 月 9 日，中共中央办公厅、国务院办公厅印发《关于加强文物保护利用改革的若干意见》。它是新时代全面加强文物保护利用改革工作重要的指导文件。

《若干意见》分为：一、重要意义；二、总体要求：指导思想、基本原则、总体目标；三、主要任务：构建中华文明标识体系、创新文物价值传播推广体系；完善革命文物保护传承体系、开展国家文物督察试点、建立文物安全长效机制、建立文物资源资产管理机制、建立健全不可移动文物保护机制、大力推进文物合理利用、健全社会参与机制、激发博物馆新活力、促进文物市场活跃有序发展、深化"一带一路"文物交流合作、加强科技支撑、创新人才机制、加强文物保护管理队伍建设、完善文物保护投入机制；四、实施保障：加强组织领导、完善法律法规、加强督促落实。

《若干意见》的全面贯彻落实，会极大地促进我国文物（包括革命文物）工作和文物事业的发展和繁荣，为社会主义物质文明和精神文明建设作出重要贡献。

2019 年 3 月 6 日，中共中央宣传部、财政部、文化和旅游部、国家文物局为了贯彻落实中共中央办公厅、国务院办公厅《关于实施革命文物保护利用工程（2018—2022 年）的意见》，发出关于公布《革命文物保护利用片区分县名单（第一批）》的通知。经过深入调查研究，依托土地革命战争时期的革命根据地和抗日战争时期的部分抗日根据地，确定了第一批革命文物保护利用片区共计 15 个。它们分别为：井冈山、原中央苏区、湘鄂西、海陆丰、鄂豫皖、琼崖、闽浙赣、湘鄂赣、湘赣、左右江、川陕、陕甘、湘鄂川黔、晋冀豫、苏北等片区，涉及 20 个省份的 110 个市、645 个县。确定、公布革命文物保护利用片区分县名单，是实施革命文物集中连片保护利用工程的一项重要的基础性工作，对切实保护好革命文物、充分发挥革命文物作用具有重要意义。

2019 年 9 月 26 日，国务院第 65 次常务会议核定了第八批全国重点文物保护单位名单，共 762 处，其中有 138 处革命文物列入全国重点文物保护单位，占比大幅提升。这一重大举措，将进一步提升革命文物保护利用管理水平，同时有重要示范作用，意义重大，影响深远。

四、三点建议

1. 研究制定革命文物保护条例

以上文物法律法规体系各层级法律法规有关革命文物保护规定，中共中央、国务院重要文件，为革命文物保护工作发展提供了方针政策、法律法规重要保障。同时，也可以看出，目前我国还没有一部专门的革命文物保护行政法规。在中办国办印发的《关于革命文物保护利用工程（2018—2022 年）的意见》中，"实施保障"部分有"完善政策法规"，其中有"鼓励各省（自治区、直辖市）和设区的市制定革命文物保护地方性法规。"可在省、区、市和设区市制定革命文物地方性法规中，积累、总结经验，进一步研究制定革命文物保护条例。当然，如有可能，也可以同时进行，研究制定革命文物行政法规，可以为制定地方性革命文物法规提供上位法依据。加上行政规章，从而逐步形成革命文物法规体系。

2. 研究构建革命文物学

几十年来，革命文物研究取得了丰硕成果，为构建革命文物学打下了良好基础。鉴于革命文物的特性、重要地位、重大价值和作用，现在应从革命文物学科建设角度加强研究，构建革命文物学，在革命文物学科体系、学术体系、话语体系等方面，为革命文物保护、利用、管理和法规建设等方面提供学科理论支撑。

3. 筹建革命文物研究院

应加快筹建"革命文物研究院"，加强革命文物研究机构、队伍建设；在习近平新时代中国特色社会主义思想指引下，进一步加强革命文物保护利用建设工程。

2019 年 9 月 28 日
2019 年 10 月 13 日修订

记录革命文物保护法规创建发展历程①

2019年是新中国成立70周年。70年来，我国革命文物保护取得了举世瞩目的成就，特别是党的十八大以来，在以习近平同志为核心的党中央坚强领导下，革命文物保护事业大发展、大繁荣，达到了前所未有的高水平。回顾历史，中国共产党和国务院颁发一系列革命文物保护法规、法规性文件，全国人大常委会制定的法律中也对革命文物保护作出规定。70年来，革命文物法规不断发展。

首先，我们主要来聊聊革命文物保护法规的创建。

1950年5月24日，中央人民政府政务院令，颁发《禁止珍贵文物图书出口暂行办法》，这是新中国成立后颁发的第一个文物法令，第一条明确规定："为保护我国文化遗产，防止

———————

① "学习强国"学习平台转载，2019年12月6日。

原载《中国文物报》：《革命文物保护法规创建发展述略》，2019年11月29日第3版（上）、12月3日第3版（中）、12月10日第3版（下）。

**1993 年 8 月，作者李晓东（右三）陪同全国人大常委会委员
聂大江（左四）在延安调查革命文物保护情况**

有关革命的……珍贵文物及图书流出国外，特制定本办法。"
第二条规定一律禁止出口的文物图书第一项就是"革命文献
及实物"。

　　1950 年 6 月 16 日，中央人民政府政务院发布征集革命文
物令，该令是为业已在京成立的中央革命博物馆筹备处征集革
命文物而颁发的。关于革命文物征集的范围，该令第一项规
定："革命文物之征集，以五四以来新民主主义革命为中心，
远溯鸦片战争、太平天国、辛亥革命及同时期的其他革命运动
史料。"第二项规定征集革命文献与实物，举例列出若干种，
同时列出"在革命战争中所缴获的反革命文献和实物等，均
在征集之列"。

　　该令作为中央人民政府政务院令，第一次明确提出"革

命文物"概念，具有重要价值和意义，影响深远。由于该令是为征集革命文物，所列征集革命文献与实物，均为可移动的革命文物，未涉及不可移动的革命文物，如革命遗迹、遗址、旧址等。

1950年7月6日，中央人民政府政务院关于保护古文物建筑的指示中第一项是："凡全国各地具有历史价值及有关革命史实的文物建筑，如革命遗迹及古城郭……及以上各建筑物内之原有附属物，均应加以保护，严禁毁坏。"在这一指示中，作为中央人民政府政务院文件第一次提出了"革命遗迹"以及"有关革命史实的文物建筑"，作为文物建筑的一种，应加强保护，也就把革命文物从可移动文物扩展到不可移动文物，是一重要拓展，意义重大。

1951年5月7日，中央人民政府文化部、内务部令，公布经政务院批复同意的《关于管理名胜古迹职权分工的规定》，第一项规定："革命史迹、烈士陵园……由内务部主管。其中具有重大历史文化、艺术价值的，内务部应会同文化部加以保护管理。""革命史迹、烈士陵园"具有革命历史价值和作用，从总体上讲，应属于不可移动革命文物，同时，把"烈士陵园"作为重要一类单独列出，其影响深远。

在文化部、内务部令同时公布的《关于地方文物名胜古迹的保护管理办法》中，规定了"在文物古迹较多的省、市设立'文物管理委员会'，直属该省市人民政府。文物管理委员会以调查、保护并管理该地区的古建筑、古文化遗址、革命遗迹为主要任务"。"文物管理委员会"是新中国成立后各省市普遍建立的保护管理文物的机构，在保护管理文物工作中发挥了重要作用，建立了重要功绩，至今一些省、区、市仍建立有文物保护管理委员会。历史证明，它是一种适合文物保护管理工作的综合、协调、管理机构。

1953 年 10 月 12 日，中央人民政府政务院发出《关于在基本建设工程中保护历史及革命文物的指示》，"革命文物"第一次出现在政务院文件的标题中。在"指示"第一项，明确要求"各级人民政府对历史及革命文物负有保护责任，应加强文物保护的经常工作"。要"通过历史及革命文物加强对人民的爱国主义教育"。这一规定的重要价值和意义，是确立了通过文物对人民群众进行爱国主义教育，是发挥文物宣传教育作用的永恒主题。

在政务院这一《指示》中，就历史及革命文物在基本建设中如何做好保护，规定了多项措施，如"文化部应调查确属必须保护的地面古迹及革命建筑物，陆续列表通知各级人民政府及有关单位注意保护。"这对革命文物之革命建筑的保护尤为重要。

1956 年 4 月 2 日，国务院发出《关于在农业生产建设中保护文物的通知》（以下简称《通知》），从新中国文物保护历史全局高度观察，这一《通知》所确立的多项文物保护措施完全符合中国文物特点、中国国情，如：创建群众参与文物保护、公布文物保护单位、保护大城址（大型古遗址），把文物保护纳入农村建设全面规划等。保护"革命遗迹""革命遗址""革命文物遗迹""历次革命战争中有重要价值的地点"

等重大措施，经新中国文物保护实践证明，是完全正确的，对文物包括革命文物实施了有效保护和管理。

《通知》所确立的各项文物包括革命文物保护重要措施，奠定了我国人民群众参与文物保护制度、文物普查制度、公布文物保护单位制度、保护大型古遗址和"历次革命战争中有重要纪念价值的地点"制度、把重要文物包括革命遗址纳入城乡建设规划制度等文物保护制度基石。该《通知》在创建中国特色文物保护制度史上，具有重要里程碑价值和意义。同时，由该《通知》所创建的各项文物包括革命文物保护制度，与此前新中国成立伊始所建立的文物出口实行许可证制度、考古发掘实行申报审批制度等，肇建了中国特色文物保护制度系统建设工程基础，价值重大，影响深远。

1960 年 7 月 12 日，文化部、对外贸易部送发《关于文物出口鉴定标准的几点意见》（以下简称《意见》），同时附有文物出口鉴定标准。该文件所规定的原则、措施和鉴定标准，是 1950 年 5 月 24 日中央人民政府政务院（现国务院）令颁发的《禁止珍贵文物图书出口暂行办法》（以下简称《办法》）的进一步发展、完善，如《办法》规定禁止出口的珍贵文物、图书有 11 类，"文物出口鉴定标准"禁止和限制珍贵文物图书出口的种类达 21 大类 63 小类；又如《办法》规定"革命文献及实物"禁止出口，《意见》关于出口文物鉴定标准的原则中规定："革命文物，不论年限，原则上一律禁止出口。"在概念上由"革命文献及实物"拓展为"革命文物"，范围更广，种类更多，是革命文物保护

工作的重要发展，在革命文物保护法规建设上也是重要
拓展。

1961 年 3 月 4 日，国务院发出《关于进一步加强文物保
护和管理工作的指示》（以下简称《指示》），《指示》明确
指出："建国以来，在中国共产党和人民政府的领导下，采取
了一系列措施，进行了历史上从未有过的文物保护工作，并且
通过陈列、展览等活动，向广大人民进行了革命传统教育和爱
国主义教育，为科学研究提供了丰富的资料，成绩是很大
的。"《指示》强调"文物保护是一项重要工作。我国丰富的
革命文物和历史文物，是世界人类进步文化的宝贵遗产。……
凡是具有历史、艺术、科学价值的文物，都应当妥善保护，不
使遭受破坏和损失"。

它是国务院为贯彻执行同日颁发的《文物保护管理暂行
条例》而发出的指示，是一份重要的文物政策文件。

需要特别指出：一是把"革命文物和历史文物"并列，
指出它们是"世界人类进步文化的宝贵遗产"，这是对"革命
文物"重要价值和作用在认识上进一步升华之后，对其重要
地位在国务院重要指示中新的定位，对革命文物保护实践和理
论研究是一项重要历史贡献。

二是进一步确认文物具有历史、艺术、科学价值，基于上
述第一点，革命文物同样具有历史、艺术、科学价值。对革命
文物而言，这样认定革命文物的历史、艺术、科学价值还是第
一次，其实践和理论上的重要性是不言而喻的。

三是《指示》将"革命文物和历史文物"向广大人民进

行宣传教育的重要作用定位为"进行革命传统教育和爱国主义教育",是文物向群众进行爱国主义教育主题的重要拓展,体现了革命文物的本质特征,这一点尤为重要。

1961 年 3 月 4 日,国务院颁发《文物保护管理暂行条例》。它是新中国成立以来文物法规建设的总结和发展,是国务院颁发的第一部文物保护综合行政法规,在新中国文物法规建设史上是一个里程碑。革命文物的重要地位在《暂行条例》中得到体现。

《暂行条例》第一条规定:"在中华人民共和国境内,一切具有历史、艺术、科学价值的文物,都由国家保护,不得破坏和擅自运往国外。"文物具有历史、艺术、科学价值,在法规上得到进一步确认。文物历史、艺术、科学价值的核心是文化。正如上述《指示》指出的"革命文物和历史文物,是世界人类进步文化的宝贵遗产"。

第二条规定了国家保护文物的范围,第一项是"与重大历史事件、革命运动和重要人物有关的、具有纪念意义和史料价值的建筑物、遗址、纪念物等"。第四项是"革命文献资料以及具有历史、艺术和科学价值的古旧图书资料"。《暂行条例》这两项规定涵盖了革命文物的两大类,即不可移动的革命文物;如纪念建筑物、革命遗址等;可移动的革命文物,如纪念物、革命文献资料及图书资料等。这些规定是革命文物在文物法规史上一次比较全面的表述,具有开创意义。

第四条规定要求对文物进行经常调查,"陆续选择重要的革命遗址、纪念建筑物……根据它们的价值大小"确定为县（市）级或省级文物保护单位。同时规定，文化部应当在省级文物保护单位中，"选择具有重大历史、艺术、科学价值的文物保护单位，分批次报国务院核定公布，作为全国重点文物保护单位"。在1961年3月4日国务院公布的第一批全国重点文物保护单位180处中，有"革命遗址及革命纪念建筑物"33处。1982年2月23日国务院公布的第二批全国重点文物保护单位62处中，有"革命遗址及革命纪念建筑物"10处。

第五条规定了各级政府对公布的文物保护单位应当"划出必要的保护范围，作出标志说明，并且建立科学的记录档案"，"对于特别重要的文物保护单位，省、自治区、直辖市可以设置博物馆、研究所、保管所等专门机构"。这四项工作是文物保护单位保护、研究、宣传、管理的基础工作，简称"四有"工作。各地贯彻《暂行条例》，以"四有"工作为重点，逐步开展和加强文物包括革命文物保护工作。

1963年4月17日，文化部根据《暂行条例》制定颁发了《文物保护单位保护管理暂行办法》，加强文物保护单位保护管理，对"四有"工作进行规范，加强了该项工作的科学性。

1963年8月27日，文化部根据《暂行条例》制定颁发了《革命纪念建筑、历史纪念建筑、古建筑、石窟寺修缮暂行管理办法》。从革命文物保护维修、修缮方面讲，第一次将"革命纪念建筑、历史纪念建筑"等纳入文物法规进行规范，所确立的基本原则和技术规范、要求等，对在维修、修缮中保护革命文物建筑的原状和革命文物内涵、氛围等发挥了重要作用。

《文物保护管理暂行条例》和根据《暂行条例》制定颁发的《文物保护单位保护管理暂行办法》《革命纪念建筑、历史纪念建筑、古建筑、石窟寺修缮暂行管理办法》和经国务院批准颁发的《古遗址、古墓葬调查、发掘暂行管理办法》等，初步构建起文物法规体系，进一步规范、加强"革命文物和历史文物"保护管理工作，并使其逐步纳入文物法规轨道。

1993 年作者李晓东（左一）陪宿白教授了解广东孙中山故居情况

1982 年 11 月 19 日，第五届全国人民代表大会常务委员会第二十五次会议通过了《中华人民共和国文物保护法》（以下简称《文物保护法》），并公布实施。《文物保护法》的制定、公布，是文物保护法律制度建设的重要里程碑。它是我国文化领域第一部法律。它以《暂行条例》为基础，根据我国经济、社会发展和文物保护中出现的新情况、新问题，按照文物特点和文物工作规律研究制定。它既体现了文物法规创建阶段文物法规体系的重要成果，又标志着文物法律法规的发展，并启动了构建文物法律体系的进程。

《文物保护法》第一条规定："为了加强国家对文物的保护，有利于开展科学研究工作，继承我国优秀的历史文化遗产，进行爱国主义和革命传统教育，建设社会主义文明，特制定本法。"这一立法宗旨，包括了革命文物，应是不言自明的。

第二条，关于国家保护具有历史、艺术、科学价值的文物范围，第（二）项和第（四）项规定内容和文字表述，与前述《暂行条例》第二项和第四项关于革命文物范围的规定基本相同。只是在第（二）项"……具有重要纪念意义……"表述中增加了"重要"一词。同样在第（四）项"重要的革命文献……"表述中增加了"重要的"一词。虽然如此，它的重要性在于把文物包括革命文物价值具有历史、艺术、科学价值上升为法律规定；把革命文物的范围种类同样上升为法律规定，其法律价值和效力也上升了一个层次。

《文物保护法》中关于革命文物保护方面的规定，总体上可分为两种情况：一种是在《暂行条例》等法规中已有的规定内容，上升为法律规定，层级和效力提高，加强对革命文物的法律保护，如关于公布文物保护单位、做好文物保护单位

"四有"工作、革命纪念建筑维修、保护、文物出境的原则等，本文原则上不重复引用、阐述。

第二种情况是在《文物保护法》中对革命文物新的重要规定，本文重点引用和阐述。如在"总则"一章中，第四条规定："国家指定保护的纪念建筑物……除国家另有规定的以外，属于国家所有。"第五条规定："属于集体所有和私人所有的纪念建筑物……其所有权受国家法律的保护。文物的所有者必须遵守国家有关保护管理文物的规定。"

上述关于革命文物之不可移动文物所有权分别属于国家所有、集体所有和个人所有的规定，是文物法律中第一次作出的规定，是革命文物法律的重要发展。同时，在第四条第三项规定："国家机关、部队、全民所有制企业、事业组织收藏的文物，属于国家所有。"这是文物法律中第一次对"收藏的文物"所有权作出的明确规定，其中包括收藏的可移动的革命文物藏品，也是革命文物法律规定的重要发展。

《文物保护法》第四章"馆藏文物"中，第二十二条规定："全民所有的博物馆、图书馆和其他单位对收藏的文物，必须区分等级，设置藏品档案，建立严格的管理制度，并向文化行政管理部门登记。"这条法律规定"收藏的文物"包括革命文物和历史文物。对收藏的文物区分等级、设置藏品档案、建立严格的管理制度等具体内容、要求、程序等，在1986年6月19日文化部颁发的《博物馆藏品管理办法》中都有具体规定，同时明确该《办法》根据《文物保护法》有关条款制定。

关于收藏的文物区分等级，上述"办法"规定："藏品必须区分等级，一般分为一、二、三级。其中，一级藏品必须重点保管。"1987年2月3日，文化部颁布的《文物藏品定级标准》中，"一级文物为具有特别重要价值的代表性文物"，在其所列13项标准中，多项涉及革命文物，如："反映中华民族抗御外侮、反抗侵略的历史事件和重要历史人物的代表性文物"；"反映有关国际共产主义运动中的重大事件和杰出领袖人物的革命实践活动，以及为中国革命作出重大贡献的国际主义战士的代表性文物"；"反映中国共产党成立以来及其有关重大历史事件、领袖人物、著名烈士的代表性文物"；"反映有关中国各党派、团体的重大事件、重要人物和爱国侨胞及其他社会知名人士的具有代表性的文物"等。

二级文物，"标准"规定为"具有重要价值的文物"，列出了10项。三级文物为"具有一定价值的文物"，列出了8项。二级和三级文物标准所列一些项的内容也都涉及革命文物。

同时，在这个标准之后，还附有"一级文物定级标准举例（供参考）"，也都涉及革命文物。

《博物馆藏品管理办法》和《文物藏品定级标准》是文化部贯彻《文物保护法》有关规定，制定颁发的两个政府行政规章，前者对文物藏品加强依法、科学保护管理，后者对文物藏品加强分级、规范和科学管理都有重要价值。两个法规性文件，是文物藏品保护管理几十年经验和科学研究的重要成果，是文物藏品保护管理法规的重要发展。对馆藏革命文物来讲，其价值和意义同样如此。

1986年7月12日，文化部颁发《纪念建筑、古建筑、石窟寺等修缮工程管理办法》。该《办法》根据《文物保护法》有关规定，为加强文物修缮管理工作和提高修缮工程质量，对前述1963年《办法》进行修订，内容更加丰富，要求更加明确、规范，是文物修缮法规的进一步发展，对依法做好"革命文物和历史文物"修缮提供了重要法规保障。

1991年3月25日，国家文物局发布《全国重点文物保护单位保护范围、标志说明、记录档案和保管机构工作规范（试行）》（以下简称《工作规范（试行）》），以加强对全国重点文物保护单位的保护管理工作。

在《工作规范（试行）》第二章划定保护范围中，第三条规定："保护范围是对文物保护单位本体及周围一定范围实施重点保护的区域。在保护范围内不得在地面、地下及空中从事危害文物保护单位安全的活动。……占地面积大或情况复杂的，可以根据实际需要在保护范围内划分重点保护区和一般保护区。"

第四条规定："保护范围根据文物保护单位的类别、规模、内容及周围环境的历史与现实情况合理划定。确定保护范围的原则是保护下列文物的完整性，并在文物保护单位本体之外保持一定的安全距离。"

第五条规定："根据文物保护的实际需要划定建设控制地带。……建设控制地带内不得安排直接或间接从空中或地下对文物构成危害和破坏文物保护单位环境风貌的建设项目。"

第三章"树立标志说明牌",第六条规定:"标志须标示该文物保护单位的级别、名称、公布机关、公布日期、树标机关以及树立日期等。树标机关为省、自治区、直辖市人民政府。"

第九条规定:"全国重点文物保护单位的说明可写在标志牌的背面,也可另立说明牌。说明文字为简要介绍文物保护单位名称、时代、性质、内容、价值和保护范围等。"

其他条分别为标志牌形式、大小、质地、书写字体;民族自治地方应同时树立用当地少数民族文字书写的标志牌和说明牌等。

第四章"建立记录档案",第十三条规定:"记录档案包括对文物保护单位本身的记录和有关文献史料,内容分为科学技术资料和行政管理文件,形式有文字、摄影(照片、幻灯片、电影胶片)、录像、绘图、拓片、摹本、计算机磁盘及其他信息载体。"

其他条分别规定:"记录档案分为主卷、副卷和备考卷。"各卷包括的具体内容,等等。

第五章是"建立健全保管机构"。

国家文物局发布的《工作规范(试行)》是文物保护单位开展"四有"工作以来,在工作实践中经验积累、总结和科学研究基础上制定的、文物保护单位"四有"工作第一部"工作规范",也是"四有"工作的标准。同时,也是革命文物保护单位"四有"工作标准。它的制定和贯彻执行,对切实做好文物(包括革命文物)保护单位"四有"基础工作,提高"四有"规范性和科学水平，充分发挥其作用，具有重要价值和意义。

1992年4月30日，国务院批准，1992年5月5日，国家文物局发布实施《中华人民共和国文物保护法实施细则》（以下简称《实施细则》）。它对《文物保护法》的一系列规定作出细化的规定，对于贯彻执行《文物保护法》，加强文物保护管理具有重要价值和作用。《实施细则》有若干重要规定，如："纪念物、艺术品、工艺美术品、革命文献资料、手稿、古旧图书资料以及代表性实物等文物，分为珍贵文物和一般文物，珍贵文物分为一、二、三级。"这是对可移动的"革命文物和历史文物"区分等级的重要规定。

又如，对"尚未公布为文物保护单位的，由县、自治县、市人民政府予以登记，并加以保护"。这一规定，使尚未公布为文物保护单位的革命遗址、革命旧址、革命纪念建筑、革命石刻、壁画等不可移动文物保护有了重要法规依据，产生了重要影响。

再如，在文物保护单位的"建设控制地带内，不得建设危及文物安全的设施，不得修建其形式、高度、体量、色调等与文物保护单位的环境风貌不相协调的建筑物和构筑物"。这一规定对革命遗址、革命建筑等文物保护单位的历史环境风貌的保护尤为重要。

《实施细则》还规定："纪念建筑物、古建筑等文物已经全部毁坏的，不得重新修建；因特殊需要，必须在另地复建或者在原址重建的，应当根据文物保护单位的级别，报原核定公布机关批准。"对革命纪念建筑和古建筑复建或重建，是一项科学性要求很高的修建工程，必须保证它符合原形制、结构、体量、用材、色调、技术工艺等，对革命纪念建筑复建或重建还有很强的政治考量，应当严肃、认真对待这一重要规定。

《实施细则》是行政法规，规定了文物保护的原则和重要措施，也是保护革命文物的规定，应全面理解和贯彻执行的。

2002 年 10 月 28 日，第九届全国人大常委会第三十次会议通过了修订的《中华人民共和国文物保护法》，它是我国贯彻依法治国方略，全面加强文物保护法制建设和进一步完善文物保护法律制度的重大举措，为在社会主义市场经济体制下，进一步加强文物包括革命文物保护管理工作提供了重要法律保障；标志着我国文物法制建设、文物保护管理工作和文物事业进入一个新的发展阶段。

2002 年《文物保护法》是 1982 年《文物保护法》的继承发展和完善，是文物法制建设与时俱进的重大成果和新的重要里程碑。新的《文物保护法》重大发展主要表现在三个方面：1. 进一步加大了文物保护措施；2. 进一步规范了文物市场；3. 进一步加大了执法力度。

新的《文物保护法》实行了一系列新的重大措施，极大地提高了保护文物的力度，对革命文物的保护同样如此，这是不言而喻的道理。

2002 年《文物保护法》新的重要规定，如，第四条规定："文物工作贯彻保护为主、抢救第一、合理利用、加强管理的方针。"

如，第五条第三款规定："国有不可移动文物的所有权不因其所依附的土地所有权或者使用权的改变而改变。"第五款规定："属于国家所有的可移动文物的所有权不因其保管、收藏单位的终止或者变更而改变。"第六款规定："国有文物所有权受法律保护，不容侵犯。"

如，第六条规定："属于集体所有和私人所有的纪念建筑物、古建筑和祖传文物以及依法取得的其他文物，其所有权受法律保护。文物的所有者必须遵守国家有关文物保护的法律、法规的规定。"

如，第十条第三款规定："国有博物馆、纪念馆、文物保护单位等的事业性收入，专门用于文物保护，任何单位或者个人不得侵占、挪用。"

如，第十一条规定："文物是不可再生的文化资源。"

如，第二章不可移动文物，第十四条规定："保存文物特别丰富并且具有重大历史价值或者革命纪念意义的城市，由国务院核定公布为历史文化名城。"第二款规定："保存文物特别丰富并且具有重大历史价值或者革命纪念意义的城镇、街道、村庄，由省、自治区、直辖市人民政府核定公布为历史文化街区、村镇，并报国务院备案。"

如，第十九条关于保护文物保护单位环境以及对污染文物的设施限期治理的规定。

如，第二十条规定："建设工程选址，应当尽可能避开不可移动文物；因特殊情况不能避开的，对文物保护单位应当尽可能实施原址保护。"

如，第二十四条规定："国有不可移动文物不得转让、抵押。建立博物馆、保管所或者辟为参观游览场所的国有文物保护单位，不得作为企业资产经营。"

如，第二十五条规定："非国有不可移动文物不得转让、抵押给外国人。"

2002 年《文物保护法》上述重要规定，是加强不可移动革命文物和可移动革命文物保护的重要法律依据。

2003 年 5 月 18 日，国务院令第 377 号，公布实施《中华人民共和国文物保护法实施条例》，对 2002 年《文物保护法》规定进一步细化，以期有利于贯彻执行、落实《文物保护法》，更好地保护祖国文物，发展文物保护事业。

1982 年《文物保护法》公布实施之后，到 20 世纪 90 年代，有 27 个省、自治区、直辖市人大常委会根据《文物保护法》制定并公布本省、区、市的文物保护条例。2002 年《文物保护法》公布实施后，省、区、市人大常委会根据新的《文物保护法》，修订或制定了本地区文物保护条例。这些以《文物保护法》为依据制定的文物保护条例，结合本省、区、市文物情况，对"革命文物和历史文物"以及民族文物等作出规定。这些地方性文物法规也是做好革命文物工作的法规依据。

自 1982 年《文物保护法》公布实施以来，我国文物法律法规制度不断发展，以宪法为核心，由《文物保护法》、行政法规《文物保护法实施条例》、地方性法规文物保护条例以及行政规章等构成的中国特色文物法律体系已经形成，为中国文物包括革命文物保护提供了比较系统完备的法律法规保障。

作者李晓东在上海宋庆龄文物馆了解文物保护情况

党的十八大以来，习近平总书记对文物、革命文物工作做了一系列重要指示批示和重要论述，在以习近平同志为核心的党中央坚强领导下，我国文物包括革命文物保护利用工作快速发展、繁荣。革命文物法规建设不断发展和完善。

2016 年 3 月 4 日，《国务院关于进一步加强文物工作的指导意见》发布。《指导意见》分为：一、重要意义；二、总体要求；三、明确责任；四、重在保护；五、拓展利用；六、严格执行；七、完善保障。

这七部分指导意见是对整个文物工作的指导意见；革命文物是中国文物的重要组成部分，《指导意见》对加强保护利用革命文物是完全适用的。只有这样认识和贯彻执行《指导意见》，才能进一步推进革命文物工作不断发展，充分发挥革命文物的作用。

2017 年 9 月 9 日，国务院办公厅发布《关于进一步加强文物安全工作的实施意见》。《实施意见》分为五部分：一、健全落实文物安全责任制；二、加强日常检查巡查，严厉打击违法犯罪；三、健全监管执法体系，畅通社会监督渠道；四、强化科技支撑，提高防护能力；五、加大督察力度，严肃责任追究。认真贯彻落实《实施意见》，对加强革命文物安全工作，保障革命文物安全十分重要。例如，对文物保护单位中革命遗址、革命纪念建筑等的安全防护设施建设，博物馆、纪念馆等单位的安全防护设施建设；又例如，对未批先建、破坏损毁文物（包括革命文物）本体和环境、影响革命文物（革命遗址、革命纪念建筑等）历史风貌的违法行为的追究，等等。

2018 年 7 月 29 日，中共中央办公厅、国务院办公厅正式发布《关于实施革命文物保护利用工程（2018—2022 年）的意见》（以下简称《意见》）。它是新中国成立以来，中共中央办公厅和国务院办公厅联合发布的第一件专门保护革命文物的重要文件，是新时代全面加强革命文物保护利用的纲领性文件。党的十八大以来，习近平总书记对革命文物工作十分重视，对革命文物保护利用作出重要指示批示 20 多次，考察革命旧址、革命博物馆纪念馆 30 次以上，对革命文物保护利用提出一系列新思想新观点新要求，为加强新时代革命文物保护利用提供了根本遵循。《意见》充分体现了以习近平同志为核心的党中央对革命文物工作的高度重视，是党中央全面部署新时代革命文物工作的指导性文件。

《意见》分为：一、重要意义；二、总体要求，分为指导思想、基本原则、发展目标；三、主要任务，分为夯实革命文物基础工作、加大革命文物保护力度、拓展革命文物利用途径、提升革命文物利用水平、创新革命文物传播方式；四、重点项目，分为百年党史文物保护展示工程、革命文物集中连片保护利用工程、长征文化线路整体保护工程、革命文物主题保护展示工程、革命文物陈列展览精品工程、革命文物宣传传播工程；五、实施保障，分为加强组织领导、加大财政投入、完善法规政策、加强督促检查。《意见》提出一些新的概念、保护原则和措施等，是新时代革命文物保护法规建设发展和完善阶段的重要成果。

2018 年 10 月 9 日，中共中央办公厅、国务院办公厅印发《关于加强文物保护利用改革的若干意见》。它是新时代全面加强文物保护利用改革工作重要的指导文件。《若干意见》分为：一、重要意义；二、总体要求：指导思想、基本原则、总体目标；三、主要任务：构建中华文明标识体系、创新文物价值传播推广体系、完善革命文物保护传承体系、开展国家文物督察试点、建立文物安全长效机制、建立文物资源资产管理机制、建立健全不可移动文物保护机制、大力推进文物合理利用、健全社会参与机制、激发博物馆新活力、促进文物市场活跃有序发展、深化"一带一路"文物交流合作、加强科技支撑、创新人才机制、加强文物保护管理队伍建设、完善文物保护投入机制；四、实施保障：加强组织领导、完善法律法规、加强督促落实。《若干意见》的全面贯彻落实，会极大地促进我国文物包括革命文物工作和文物事业的发展繁荣，为社会主义物质文明和精神文明建设作出重要贡献。

2019 年 3 月 6 日，中共中央宣传部、财政部、文化和旅游部、国家文物局为了贯彻落实中共中央办公厅、国务院办公厅《关于实施革命文物保护利用工程（2018—2022）的意见》，发出关于公布《革命文物保护利用片区分县名单（第一批）》的通知。经过深入调查研究，依托土地革命战争时期的革命根据地和抗日战争时期的部分抗日根据地，确定了第一批革命文物保护利用片区共计 15 个。它们分别为井冈山、原中央苏区、湘鄂西、海陆丰、鄂豫皖、琼崖、闽浙赣、湘鄂赣、湘赣、左右江、川陕、陕甘、湘鄂川黔、晋冀豫、苏北等片区，涉及 20 个省份的 110 个市、645 个县。确定、公布革命文物保护利用片区分县名单，是实施革命文物集中连片保护利用工程的一项重要的基础性工作，对切实保护好革命文物、充分发挥革命文物作用有重要意义。

2019 年 9 月 26 日，国务院第 65 次常委会会议核定了第八批全国重点文物保护单位名单，共 762 处，其中有 138 处革命文物列入全国重点文物保护单位，占比大幅提升。这一重大举措，将进一步提升革命文物保护利用管理水平，同时有重要示范作用，意义重大，影响深远。

三点建议

1. 研究制定革命文物保护条例

以上文物法律法规体系，各层级法律法规有关革命文物保护规定，中共中央、国务院重要文件，为革命文物保护工作发展提供了方针政策、法律法规重要保障。同时，也可以看出，目前我国还没有一部专门的革命文物保护行政法规。在中办、国办印发的《关于革命文物保护利用工程（2018—2022 年）的意见》中，"实施保障"部分有"完善政策法规"，其中有"鼓励各省（自治区、直辖市）和设区的市制定革命文物保护地方性法规"，可在省、区、市和设区市制定革命文物地方性法规中，积累、总结经验，进一步研究制定革命文物保护条例。当然，如有可能，也可以同时进行，研究制定革命文物行政法规，可以为制定地方性革命文物法规提供上位法依据，从而逐步形成革命文物法规体系。

2. 研究构建革命文物学

几十年来，革命文物研究取得了丰硕成果，为构建革命文物学打下了良好基础。鉴于革命文物的特性、重要地位、重大价值和作用，现在应从革命文物学科建设角度加强研究，构建革命文物学，在革命文物学科体系、学术体系、话语体系等方面，为革命文物保护利用管理和法规建设等方面提供学科理论支撑。

3. 筹建革命文物研究院

应加快筹建革命文物研究院，加强革命文物研究机构、队伍建设；在习近平新时代中国特色社会主义思想指引下，进一步加强革命文物保护利用建设。

革命文物专门法规建设的思考①

革命文物专门法规，是文物法律体系的重要组成部分。从文物法律体系层级观察，革命文物专门法规，是由国务院制定公布的行政法规和由省、自治区、直辖市及设区市人大常委会制定、公布的地方性法规（不涉及行政规章）。最近，笔者对一些革命文物地方性专门法规文本进行了学习，比较分析，深度思考，现就以下问题作些述论。

一、立法简况

新中国成立以来，在制定的《中华人民共和国文物保护法》（以下简称《文物保护法》）和行政法规中，对革命文物及其保护都有重要规定，但就专门的革命文物法规来说，行政法规仅有 1950 年 6 月 16 日中央人民政府政务院发布的关于征集革命文物令。该令是为在京成立的中央革命博物馆筹备处征

① 原载《中国文物报》，2022 年 7 月 29 日第 3 版，《革命文物专门法规建设的思考》（上）；2022 年 8 月 2 日第 3 版，《革命文物专门法规建设的思考》（下）。

集革命文物而颁发的。关于征集革命文物的范围，该令第一项规定："革命文物之征集，以五四以来新民主主义革命为中心，远溯鸦片战争、太平天国、辛亥革命及同时期的其他革命运动史料。"第二项规定征集革命文献与实物，举例列出若干种，同时列出"在革命战争中所缴获的反革命文献和实物等，均在征集之列"。

该令是新中国第一部革命文物专门行政法规，是革命文物始创法规。在法规中第一次明确提出"革命文物"概念，确立了法定"革命文物"名称；明确规定革命文物时代和对象范围。该法规标志着新中国革命文物工作正式启动和革命文物事业的创立，对革命文物事业创建发展具有奠基价值和意义，影响深远。

革命文物地方性专门法规建设比较晚。20世纪90年代末以来，一些省级人大常委会制定、公布了革命文物地方性专门法规，对保护革命文物发挥了重要作用。

例如，2000年10月26日，山东省人大常委会通过了《山东省刘公岛甲午战争纪念地保护管理规定》，是以刘公岛甲午战争纪念地为规范对象的法律规定。

再如，2001年6月1日，陕西省人大常委会通过了《延安革命遗址保护条例》。2020年3月25日，该条例经陕西省十三届人大常委会第十六次会议通过修订草案。新修订的《陕西省延安革命旧址保护条例》共5章40条，主要是扩大保护对象范围，补齐保护短板，突出传承利用等方面是修订的重要内容。

中共十八大以来，党中央、国务院高度重视革命文物保护利用工作，作出一系列重要规定，如中共中央办公厅、国务院办公厅印发《关于实施革命文物保护利用工程（2018—2022年）的意见》。2021年3月，习近平总书记对革命文物工作作出重要指示。全国革命文物保护利用工作蓬勃发展。同时，许多地方加快了革命文物立法进程，有的设区市人大常委会在具有立法权后，也开始研究、制定本辖区革命文物保护利用专门法规，一些省、自治区、直辖市人大常委会在革命文物地方性专门法规立法方面，已取得一批重要成果。

例如：2018年，湖北省黄冈市人大常委会通过、公布《黄冈市革命遗址遗迹保护条例》。2019年，山西省人大常委会通过《山西省红色文化遗址保护利用条例》。2021年省级人大常委会通过公布的革命文物地方性专门法规有《江西省革命文物保护条例》《安徽省红色资源保护和传承条例》《天津市红色资源保护与传承条例》《河北省人民代表大会常务委员会关于加强革命文物保护利用的决定》《山东省红色文化保护传承条例》《湖南省红色资源保护和利用条例》《上海市红色资源传承弘扬和保护利用条例》《四川省红色资源保护传承条例》等。2022年，广东省人大常委会通过《广东省革命遗址保护条例》。

以上革命文物地方性专门法规，在革命文物保护利用管理中，将发挥重要作用。

二、对象 范畴 模式

从一些革命文物地方性专门法规文本观察，各专门法规在规范的对象、范畴方面不完全相同。根据专门法规规范的时限、地域、对象、种类等，大体可以将其分为五类，也可称为五种模式。

第一种模式：在一个省级行政辖区内，规范某个时段、某个区域重大历史事件的革命文物保护管理。以《山东省刘公岛甲午战争纪念地保护管理规定》为例，刘公岛位于山东省威海市，纪念地时限为 1888～1895 年，保护文物范围包括海军提督府、水师学堂、铁码头、船坞、岛山诸炮台以及丁公祠、丁公府等建筑和设施。

第二种模式：在一个省级行政辖区内，规范某个区域、一定时期不可移动革命文物保护管理。以《陕西省延安革命旧址保护条例》为例。该条例没有明确其规范对象的时限，但修订时扩大了保护对象范围，应超过全国重点文物保护单位"延安革命遗址"的对象和时限等范畴，涵盖面在地域上应扩大到现延安市各区县，对象上增加了不可移动文物种类。但笔者认为，修订的条例仍应是以"延安革命遗址"内容为核心的法规。

"延安革命遗址"主要是中共中央 1937～1947 年驻延安时期中央各机关、单位等的旧址，其中有毛泽东、朱德、周恩来、刘少奇、任弼时等旧居，旧址主要分布在凤凰山麓、杨家岭、枣园、王家坪等地。在 2001 年《延安革命遗址保护条例》第二条规定："本条例所称延安革命遗址，是指国务院公布的全国重点文物保护单位，包括凤凰山麓革命旧址、杨家岭革命旧址、枣园革命旧址、王家坪革命旧址、陕甘宁边区政府旧址、陕甘宁边区参议会会场旧址、中国共产党六届六中全会旧址、岭山寺塔。"这些均是中共中央等机构驻延安时期的重要革命旧址。

第三种模式：在一个省级行政辖区，规范新民主主义革命时期革命遗址保护管理。以《山西省红色文化遗址保护利用条例》为例。条例第三条规定："本条例所称红色文化遗址，是指下列反映中国共产党领导各族人民进行新民主主义革命，具有历史价值、教育意义、纪念意义的遗址、旧址和纪念设施等。"同时，列出四方面具体内容，包括遗址、旧址、故居、旧居、墓地、纪念设施等种类。

山西省在新民主主义革命时期，尤其在抗日战争中，地位十分重要，在所建立的晋绥、晋察冀、晋冀鲁豫等抗日根据地，山西均地处特别重要区域，处于重要战略地位。平型关战役遗址、八路军总司令部旧址等众多著名抗战遗址、旧址，是该省新民主主义革命时期革命文物的重要组成部分，应是革命文物专门法规保护管理的重要对象范围。

第四种模式：在一个省级行政辖区，规范近代以至现代（当代）以来不可移动革命文物保护管理。以《广东省革命遗址保护条例》为例。条例第三条规定："本条例所称革命遗址，是指见证近代以来中国人民抵御外来侵略、维护国家主权、捍卫民族独立、争取人民自由和中国共产党领导中国人民进行革命、建设、改革的历史，具有纪念意义、教育意义或者史料价值的遗址。"这是笔者看到的第一部革命文物地方性专门法规中，明确规定革命遗址（不可移动革命文物）包括了

近代以至现代（当代）的革命、建设、改革时期的历史文化
遗址；该条第二款规定了六方面具体内容。从规范时限和对象
范围观察，上述条文规定的革命遗址范畴，是对革命遗址作出
的比较完整的规范，可认为是对不可移动革命文物的法规
定义。

关于革命文物定义。1982 年 1 月，一份关于《陕西省文
物保护管理暂行办法》之名词术语解释的资料中，有对"革
命文物"的解释："革命文物：反映中国人民在各个阶段反
帝、反封建、反对官僚资本主义斗争中遗留下来的遗物和有纪
念意义的旧址。其中以'五四'以来中国共产党领导的革命
斗争为主，远溯到辛亥革命、太平天国革命和鸦片战争。"这
是笔者看到的较早的关于革命文物的法规释义，可作为早期对
革命文物的定义。

笔者在《革命文物理论创建发展与学科建设的几个问题》
一文中，将革命文物定义表述为："革命文物是中国人民在反
对西方列强和封建君主制，反对帝国主义、封建主义、官僚资
本主义，争取民族独立、人民解放的革命斗争与社会主义革命
和建设中产生、形成的具有历史、艺术、科学价值和见证、教
育、纪念意义的不可移动和可移动的革命文化遗存。"

《广东省革命遗址保护条例》中对革命遗址（不可移动革
命文物）范畴的规范，完全符合 1949 年毛泽东为人民英雄纪
念碑题词精神，符合 1950 年中央人民政府政务院关于征集革
命文物令和《文物保护法》第二条第一款第二项规定，符合
中共十九届六中全会决议精神，对革命文物专门法规建设有重

要价值和意义。

如上所述,《广东省革命遗址保护条例》第三条对规范保护的革命遗址对象列了六项若干种,即:

（一）重要机构、重要会议旧址;

（二）重要事件和重大战斗遗址、遗迹;

（三）重要人物故居、旧居、活动地、墓地;

（四）具有重要影响的烈士事迹发生地,烈士墓地;

（五）各类烈士陵园、纪念堂、纪念馆、纪念园、陈列馆、纪念碑、纪念亭等纪念设施;

（六）其他见证革命历程、弘扬革命精神、传承革命文化的重要遗址遗迹、纪念设施。

上述六项内容可构成广东省革命遗址比较完整体系。广东省从近代伊始,就有著名的林则徐销烟池与虎门炮台旧址（1831~1841 年）、三元里平英团遗址（1841 年）、孙中山故居（1892 年）、黄花岗七十二烈士墓（1911 年）、中华全国总工会旧址（1925~1927 年）、广州农民运动讲习所旧址（1926年）、海丰红宫、红场旧址（1927~1928 年）……以至新中国成立后,中共十一届三中全会后改革开放时期设立深圳特区的重大历史事件有关遗存等,可构成一个省革命遗址（不可移动文物）从时代到遗址类型上比较完整的体系。

第五种模式:在一个省级行政辖区,规范新民主主义革命时期以至新中国成立后革命、建设、改革开放以来革命文物保护管理,以及规范部分非遗项目的保护管理。这一模式专门法规规范对象等范畴,与上述四种模式内容区别较大,就革命文物来说，既包括了不可移动文物，又包括了可移动文物。以《安徽省红色资源保护和传承条例》为例。

该条例第二条第二款规定："本条例所称红色资源，是指五四运动以来，中国共产党领导全国各族人民在新民主主义革命时期、社会主义革命和建设时期、改革开放和社会主义现代化建设新时期、中国特色社会主义新时代所形成的具有历史价值、纪念意义、教育意义的下列特质资源和精神资源：

（一）重要旧址、遗址、纪念设施或者场所等；

（二）重要档案、文献、手稿、声像资料和有关实物等；

（三）重大事件和重要事迹等；

（四）代表性的文学、艺术作品等；

（五）其他具有历史价值、纪念意义、教育意义的物质资源和精神资源。"

条例上述规定规范了从新民主主义革命以来以至现代（当代）的革命文物，有的涉及"非遗"项目等，统称"红色资源"。在规范时代、对象等范畴方面，除总则第二条外，在第三章"保护管理"第十四条进一步规定了不同时期革命文物保护重要区域和对象，如"鄂豫皖苏区、新四军浴血抗战、刘邓大军千里跃进大别山、淮海战役、治淮工程、农村改革等伟大斗争、伟大历史贡献的历史事件、革命运动"的文物等。该条规定将"治淮工程、农村改革"纳入专门法规，应当特别重视。治淮工程是新中国成立之初，开展的一项大规模治理淮河水利工程，除害兴利、造福人民，开启了新中国治理淮河、黄河、荆江分洪等一系列重大水利工程之先河，毛泽东亲笔题词，意义重大，影响深远。农村改革如小岗村改革等，推动了安徽省乃至全国的农村改革，是改革开放初始具有重大历史意义的事件。"治淮工程"和"农村改革"纳入专门法规，为新中国重大历史事件中代表性文物认定树立了标准，或作为对比参照的标尺，具有重要价值和意义。

三、原则 措施 衔接

革命文物专门法规，一是行政法规，一是地方性法规。在文物法律体系中，分别处于第二和第三层级，地方性法规，应是根据《文物保护法》和行政法规的规定结合地方革命文物实际、保护状况等作出有针对性的规定，为该行政辖区革命文物保护提供有效的措施。因此，上位法规定的重要原则，有些也应作出相应规定，这既是法律法规规定衔接问题，也是专门法规作出某些举措的法律依据，根本上是法律原则的统一问题。举例如下：

1. 文物所有权问题

文物所有权是一种物权，是革命文物保护利用管理的基本问题。在上述革命文物专门法规中，大都是在保护管理一章中，结合革命文物保护维修职责等作出规定。例如：《陕西省延安革命旧址保护条例》在第二章"保护与管理"第十七条规定："延安革命旧址应当明确保护管理人，根据产权情况进行分类管理。

革命旧址产权不明，且无人使用的，由县级文物行政主管部门指定专门机构或专人负责日常保护管理，并与其签订保护协议。

革命旧址产权属集体或者个人的，由产权所有人负责日常保护管理，县级文物行政主管部门应与产权所有人签订保护协议。

革命旧址产权属于国家的，由使用人负责日常保护管理，制定具体的保护措施，并公告施行；使用权人为非文博单位的，县级文物行政主管部门应与使用权人签订保护协议。

非国有产权的革命旧址，县级以上人民政府可给予一定的保护经费资助。"

笔者认为，革命文物所有权问题涉及革命文物调查、认定、登录、公布文物保护单位、保护、维修、利用、捐赠、管理等各个方面，应在专门法规总则一章中作出原则规定，其他章的规定就可根据事项、举措的不同，分别列出条款，则顺理成章。

2. 文物工作方针问题

坚持贯彻执行保护为主、抢救第一、合理利用、加强管理的文物工作方针，对革命文物保护利用管理至关重要，对制定革命文物地方性法规同样如此。《陕西省延安革命旧址保护条例》第一章"总则"第四条规定："延安革命旧址保护工作应当贯彻保护为主、抢救第一、合理利用、加强管理的方针，坚持全面整体保护，统筹推进抢救性与预防性保护、革命旧址本体与周边环境保护相结合，确保革命旧址的历史真实性、风貌完整性和文化延续性。"

笔者认为，在总则一章中明确规定贯彻文物工作方针，在其他章中规定有关措施，应是以该方针为指导的规定，体现着其精神内涵的内在联系，体现着其合理性。进而言之，在总则第一条明文规定根据《文物保护法》制定的法规，本质上是对法律确定的文物保护基本制度、重要方针原则、重要举措等，在革命文物地方性专门法规中，结合本行政辖区实际作出相应规定。因此，把文物工作方针写入专门法规总则一章的重要性，应不言而喻。

3. 文物保护单位问题

文物保护单位制度是中国保护不可移动文物的基本制度。自20世纪50年代以来，各级人民政府公布了多批文物保护单位，从县、市、省到国家公布的各级文物保护单位，已构成完整的体系，是中国特色文物保护利用之路的重要特征之一，在《文物保护法》中有一系列重要规定。《广东省革命遗址保护条例》第二章"保护管理"第十三条规定："对于符合文物认定标准的革命遗址，县级人民政府文物行政主管部门应当及时依法登记并公布为不可移动文物，并将具有重要纪念意义、教育意义或者史料价值的革命遗址，按程序报县级以上人民政府核定公布为相应级别的文物保护单位。"在第二款规定："对尚未公布为文物保护单位，也未登记为不可移动文物，但符合历史建筑认定标准的革命遗址，所在地的城市、县人民政府应当依法将其公布为历史建筑。"

笔者认为，广东条例的这一规定的重要价值和作用，在于较好地解决了《文物保护法》关于公布文物保护单位规定与革命文物地方性专门法规规定的衔接问题。我国各级文物保护单位中，都有为数众多的不可移动的革命文物，按照《文物保护法》及其实施条例的规定应做好"四有"等一系列保护、维修、管理工作。在革命文物地方性专门法规中作好衔接，对于建立不可移动文物名录，乃至划定其范围、建立记录档案等工作，都可以连接、统一，既可以节省人力、物力、财力，收到事半功倍的效果，又可避免分头去做，各搞一套可能带来保护范围不一致、记录内容有出入等，甚至可能出现相互矛盾问题，那将给文物保护、研究、利用、管理带来新的问题。

4. 坚持保护文物原状原则问题

保护文物原状，是中国文物保护、维修中必须恪守和坚持的一项重要原则，在《文物保护法》中作了明确规定，在上述革命文物专门法规中大都相应作出规定。例如《陕西省延安革命旧址保护条例》第二十四条规定："延安革命旧址的修缮应当遵循最小干预、不改变旧址原状的原则，防止过度、不当修缮。"又如《山西省红色文化遗址保护利用条例》第二十三条第二款规定："红色文化遗址的修缮，应当遵循不改变遗址原状、最小干预的原则，不得损毁、改变主体结构及其附属设施。"再如《广东省革命遗址保护条例》第二十三条第一款规定："对革命遗址保养、修缮和保护性设施建设等活动，应当遵循不改变原状，不破坏历史风貌，避免过度干预的原则，不得损毁、改变主体结构及其附属设施。"

过去有的地方在维修革命文物和整理其环境中，没有坚持
保护文物原状和保护其环境历史风貌，造成了不良影响。笔者
认为，上述革命文物地方性专门法规对革命旧址、遗址等革命
文物在维修、修缮等保护工作中，应坚持保护文物原状和保护
环境、历史风貌等规定，对革命文物而言，尤为重要。否则，
对革命文物的时代性、文化内涵及所体现的革命精神将造成损
害，甚至给后代人们理解、认知某种革命精神带来困难。通过
革命文物地方性专门法规建设，应加强保护革命文物本体和保
护其历史环境风貌的规定，为保护提供重要的法规保障。

5. 可移动革命文物收藏和捐赠

在上述革命文物地方性专门法规中，把可移动革命文物纳
入规范保护的法规，在保护管理中只有简单规定。国有纪念
馆、博物馆等机构是收藏可移动革命文物的主要机构。在民
间，广大群众保存、保管、收藏有大量的各种文化物品。20
世纪 80 年代后，有的省文物部门提出"为了明天，收藏今
天"，开展征集现代（当代）文物藏品活动，就是基于民间保
存有大量现代（当代）有关革命和建设的文化物品。新时代
以来，人们对这些文化物品价值和作用的认知度普遍提高。最
近，国家文物局等部门联合发布的《关于加强民间收藏文物
管理 促进文物市场有序发展的意见》，也提出鼓励群众收藏近
代现代文化物品，实际上其中有大量文化物品是可移动革命文
物。因此，笔者认为，在革命文物地方性专门法规中，如规范
对象包括可移动革命文物，应规定鼓励民间收藏，捐赠奖励。

四、定名 术语 词语

革命文物定名，是革命文物认定、登录、保护、研究、传承、弘扬的基础。一处或一件革命文物的名称，是它的表征代号。名正言顺。一个科学、规范的名称，对确定它的价值、作用、法律地位等十分重要。在已出台的革命文物地方性专门法规中名称的差异已凸显它的地位和重要性。

20 世纪 80 年代，国家文物局启动编制《中国文物地图集》时，委托笔者起草了《〈中国文物地图集〉编制细则》（以下简称《细则》），内有文物定名一章，其中有关于近现代文物定名规范，如："（10）近现代旧址类：应以具体的机构或事件命名，避免使用含糊不清的定名（抗日根据地等）。某机构或事件包含几处旧址的，前面可加地名，以示区别。此类名称的简化，应根据有关文件的规定。""故居一般指出生地及幼年居住地，其他居住地称旧居。"对于各级文物保护单位名称，《细则》规定："（4）各级文物保护单位的名称，原则上应按照原公布名称收录，个别名称不科学的，应争取原公布机构予以正式修正。如完稿之日尚未履行正式修正手续者，则仍使用原公布名称，后面用括号注明应修正的名称。"《中国文物地图集》中收录的不可移动革命文物名称就是以该《细则》定名规范确定的。

上述近现代不可移动文物定名规范涵盖的种类并不全，有些参照古代文物定名规范，对不可移动革命文物定名也可如此。笔者认为，做好革命文物定名，对专门法规名称中应用的

名词术语、法规规范的对象分类来说，会进一步增强其科学性
和合理性。

革命文物术语规范化，与革命文物定名密切相关，同时对
革命文物研究、保护利用、传承弘扬、法规建设，乃至建立革
命文物学科体系、学术体系、话语体系都是重要的基础。就革
命文物专门法规建设而言，至关重要。例如：故居与旧居，旧
址、遗址与遗迹，它们的内涵既有联系，又有差异；有的既有
重合处，又有区别。以前，在文物定名或研究中，对故居与旧
居术语的应用，多有混乱用的情况，因此在上述《细则》中
作出了规定。遗址与旧址，如果一个法规规范对象中包括有烈
士墓、墓地等，法规名称中应用"遗址"术语则更合理一些。

革命文物词语的规范，对专门法规建设而言，同样至关重
要。如纪念建筑与纪念设施、历史建筑与纪念设施等，在法规
中，应根据规范对象的实际情况，应用内涵适当的词语，以增
强其针对性与合理性。

在革命文物专门法规建设中，对革命文物科学定名，合理
应用文物术语、词语，用法律语言表述，对提高革命文物专门
法规质量，充分发挥其作用有重要意义。

五、两点建议

1. 进一步加强革命文物理论方法和革命文物基础研究，
包括术语研究。它是构建革命文物学科体系、学术体系、话语
体系的重要基础，应制定规划，拟订选题，选定研究机构和团
队，持之以恒，深入研究，拿出成果。

2. 进一步加强对不同历史时期革命文物范围和文化内涵的系统研究。近代现代（当代）不同历史时期的革命文物，在范围和文化内涵方面各有其显著特征，应对每个历史时期的革命文物范围和文化内涵进行系统梳理和深入研究，进行比较清晰的阐述。它是革命文物调查认定、标准制定，加强革命文物保护利用和法律法规建设，提高科学水平的重要基础。

2022 年 4 月 20 日

文物作用和文物利用建设的初创①

　　文物保护利用是文物学科和文物事业发展建设的重要课题，是文物保护制度和法规制度建设的基本内容，笔者仅就发挥文物作用和文物利用的建设路径和内容作简要述论。

　　中华人民共和国成立后，国家对文物保护和发挥文物作用十分重视，作出了一系列重要指示、规定。如：1950 年 7 月 6 日，中央人民政府政务院（后改为国务院，下同）《关于保护古文物建筑的指示》第二项规定："凡因实际需要，不得不暂时利用者，应尽量保持旧观，经常加以保护，不得堆存有容易燃烧及有爆炸性的危险物。"这是"利用"一词第一次出现在政务院文件中，从"指示"规定内容观察，应是对古文物建筑的暂时使用，与 1997 年国务院文件中规定的"合理利用"含义不同。这可以从以下法律法规规定得到印证。1961 年 3 月 4 日，国务院公布实施新中国第一部综合性文物行政法规《文物保护管理暂行条例》，第十二条规定：对核定公布为文物保护单位的纪念建筑物、古建筑的用途时规定"使用单位

①　原载《中国文物报》，2020 年 7 月 10 日第 3 版。

要严格遵守不改变原状的原则，并负责保证建筑物及附属文物的安全。在 1982 年《中华人民共和国文物保护法》第十五条规定："使用纪念建筑物、古建筑的单位，应当负责建筑物的保养和维修。"2002 年《中华人民共和国文物保护法》第二十六条规定："使用不可移动文物，必须遵守不改变文物原状的原则，负责保护建筑物及其附属文物的安全，不得损毁、改建、添建或者拆除不可移动文物。"

1951 年 10 月 27 日，中央人民政府文化部指示：《对地方博物馆的方针、任务、性质及发展方向的意见》的第一项规定："博物馆事业的总任务是进行革命的爱国主义的教育。通过博物馆使人民大众正确地认识历史，认识自然，热爱祖国，提高政治觉悟与生产热情。"对发挥文物作用作出初步规范。

1953 年 10 月 12 日，中央人民政府政务院《关于在基本建设工程中保护历史及革命文物的指示》，第一项规定要求"各级人民政府文化主管部门应加强文物保护政策、法令的宣传，教育群众热爱祖国文物，采用举办展览、制作复制品、出版图片等各种方式，通过历史及革命文物加强对人民的爱国主义教育。"这是政务院就发挥文物作用的内容和方式等作出的初步规范。

1956 年 4 月 2 日，国务院发出《关于在农业生产建设中保护文物的通知》。在中国文物保护史上，它是一部创立和开拓群众保护文物、文物调查普查、公布文物保护单位、保护大型城址（遗址）、进行爱国主义教育等一系列文物保护制度的奠基性法规文件。《通知》在开始明确写道："由于我们历史悠久，被保存在地上地下的革命遗迹、古代文化遗址、古墓葬、古建筑、碑碣、古生物化石遍布全国。其中有许多是非常珍贵的，是对我国历史和文化进行科学研究最宝贵的资料，也是向广大人民进行爱国主义教育最有力的实物例证。"这些内容和上述 1953 年政务院文件有关内容，构成了比较完整的发挥文物作用的规范，奠定了新中国发挥文物作用的基石。《通知》中要求农村绿化或其他建设规划，应把革命遗迹、古代文化遗址……纳入规划"加以保存和利用"。这是国务院文件中第一次提出文物"保存和利用"，《通知》的重要价值和意义在于：一是这里的"利用"含义不是使用；二是"保存和利用"应是文物"保护和利用"规范和应用之源。

20 世纪 50 年代以来，运用文物发挥其作用，从国家层面，最重要的有 1954 年在故宫博物院午门城楼举办的"全国基本建设工程中出土文物展览会"，观众达 17 万余人，毛泽东主席两次到展会参观。1959 年中华人民共和国成立 10 周年，中国历史博物馆和中国革命博物馆建成，筹办中国通史陈列和中国革命史陈列，是新中国重大文化建设，中央高度重视，中央书记处开会讨论了两馆陈列指导思想和原则。在试展陈列期间，周恩来总理审查了中国通史陈列，先后审查陈列的还有陈毅、聂荣臻、郭沫若、胡绳、吴晗、翦伯赞、吕振羽等；9 月 19 日，中共中央书记处彭真、陆定一、杨尚昆、刘澜涛、胡乔木等审了中国革命史陈列，周恩来总理于 20 日审查。根据中央指示，自 5 月 28 日至 9 月 8 日，先后三次进行试展，请中共中央委员、候补委员和各部门负责人审查。根据中央书

记处会议决定，中国历史博物馆通史陈列自国庆起公开预展，
中国革命博物馆陈列，只内部预展。1971 年 7 月，周恩来总
理批准《关于到国外举办"中国出土文物展览"的报告》，在
周恩来总理关怀下开展了展览筹备工作；1973 年 5 月，"中华
人民共和国出土文物展览"在法国巴黎开幕；6 月，"中华人
民共和国出土文物展览"在日本东京开幕，田中角荣首相出
席开幕式，开创了"文物外交"。此后，出国文物展览不断发
展，历久弥新，已成为常态，成为宣传中国悠久历史、灿烂文
化，开展文化交流的"文化使者"。

20 世纪 50 年代创刊的《文物》《考古》杂志和更名的
《考古学报》，是刊载文物考古资料和研究成果的重要阵地，
同时向学界研究提供了大量重要资料。科学出版社和文物出版
社先后出版了一批重要考古报告和文物图录等，其中综合性研
究成果有《新中国的考古收获》等。自 20 世纪 50 年代开始，
故宫博物院、颐和园、八达岭长城和全国许多重要文物古迹逐
步向人民大众开放，开辟为人民群众参观游览场所，让人民群
众享有文化权益。

文物作用和文物利用建设的发展^①

  1982 年 11 月 19 日，第五届全国人大常委会第二十五次会议通过《中华人民共和国文物保护法》，并公布实施。这是新中国文化文物领域第一部法律，是我国文物保护的重要里程碑。《中华人民共和国文物保护法》第一条立法宗旨明确写道："为了加强国家对文物的保护，有利于开展科学研究工作，继承我国优秀的历史文化遗产，进行爱国主义和革命传统教育，建设社会主义精神文明，特制定本法。"把保护文物、发挥文物作用作为立法宗旨，通过国家法律加以规范，成为国家意志，开启了依法保护文物、依法发挥文物作用的新征程。

  1987 年 11 月 24 日，国务院颁发《关于进一步加强文物工作的通知》。该通知之前由时任中共中央总书记胡耀邦主持，作为保护文物的决定起草的。它是国务院在《文物保护法》实施之后颁发的十分重要的文件。《通知》序言部分十分明确提出当前文物工作的任务和方针是："加强保护，改善管理，提高改革，充分发挥文物的作用，继承和发扬民族优秀的

① 原载《中国文物报》，2020 年 7 月 14 日第 3 版。

文化传统，为社会主义服务，为人民服务，为建设具有中国特色的社会主义作出贡献。"这是中华人民共和国成立以来，国务院制定的内容最丰富、文化内涵博大精深、时代性鲜明、方向任务目的明确的最完整的一个文物工作方针，是《通知》（101号文件）的核心。《通知》第一部分是"充分发挥文物的作用"。其中有六个方面的重要内容："充分发挥祖国文物在社会主义物质文明和精神文明建设中的作用，是文物工作的重要任务。""运用文物丰富人民的精神生活，提高文化素养。""要运用文物研究我国历史上科学技术发展的情况，为社会主义经济建设服务。""遍布全国各地的丰富多彩的文物古迹，是吸引来访外宾和国内外广大旅游者参观的重要内容，是我国旅游事业发展的重要条件。""要利用祖国文物，开展国际文化交流，增进我国和各国人民之间的相互了解和友谊。"这六个方面内容，是梳理了中华人民共和国成立以后运用文物、发挥文物作用实践，系统总结了实践经验，高度归纳、提炼的重要成果，具有很高的理论价值和进一步指导发挥文物作用的功用。在运用文物，充分发挥文物作用的进程中具有里程碑意义，同时奠定了构建发挥文物作用体系的基础。

1989年7月18日，中共中央宣传部、文化部、国家文物局印发《人人爱护祖国文物宣传提纲》，要求"通过多种形式进行广泛宣传，……宣传文物知识，文物部门要主动积极同有关部门和单位合作，提供有关情况和资料，从业务方面给予帮助和指导，作宣传和执行文物法律、政策的表率"。《宣传提纲》共六部分：一、我国是历史悠久的文明古国，是世界上保存文物最多的国家之一；二、文物，作为人类活动的实物遗存，……它的价值和作用是永恒的；三、保护文物，是关系到国家和民族利益的千秋事业；四、宣传贯彻《中华人民共和国文物保护法》；五、爱护文物，要从娃娃抓起；六、要通过广播、电视、电影和报纸、书刊等多种形式多层次、多方位进行宣传，宣传《中华人民共和国文物保护法》、文物价值和作用……《宣传提纲》第一次提出"爱护文物，要从娃娃抓起"。

1991年8月28日，中共中央宣传部、国家教委、文化部、民政部、共青团中央、国家文物局发出《关于充分运用文物进行爱国主义和革命传统教育的通知》，其内容有七部分："各级教育行政部门、共青团组织和大、中、小学校，要把组织青少年学生参观博物馆、纪念馆，瞻仰革命遗址、烈士陵园和其他纪念设施，观看展示祖国灿烂文明的历史文物和反映近现代中国人民苦难、奋斗、胜利历程的革命文物，作为青少年思想政治教育的重要内容，作为大、中、小学生必须参加的教育活动，列入学校德育工作计划。""把博物馆、纪念馆、烈士陵园和各种纪念设施建设成思想政治教育的课外基地。"从中共中央宣传部和共青团中央到国家主管部门共同第一次提出运用文物等向大、中、小学生进行思想政治教育和建设课外教育基地，具有重大现实意义和深远影响。通知的其他部分都是围绕充分运用文物进行爱国主义和革命传统教育主题的相关内容。《通知》的重要价值和意义，还在于它拓展了教育内容和途径，由运用文物进行爱国主义和革命传统教育，拓展深化为对大、中、小学生进行思想政治教育，并建设课外教育基地，为利用文物对大、中、小学生进行思想政治教育开辟了新的课题，从此开启了以文物单位为依托的教育基地建设，至今全国各地爱国主义革命传统等教育基地，以文物特点和价值开展教育活动，发挥了其他教育形式不可替代的重要作用。

在这个时期，论述运用文物，充分发挥文物作用的代表性著作，有谢辰生为《中国大百科全书·文物博物馆》文物部分撰写的概括性文章《文物》，其中第二部分为"文物的价值和作用"。在该卷中还有"文物作用"条目释文。

同时，在 20 世纪 80～90 年代，有些领导和专家学者在讲话、文章中也应用文物"利用"一词进行阐述。如：1985年 11 月 7 日下午，在山西侯马召开的晋文化研究会全体会上，谢辰生作了保护文物的长篇发言，其中就讲了文物"保护"和"利用"问题。1992 年 5 月，李瑞环在全国文物工作会议上，作了题为"保护为主，抢救第一"的重要讲话。他指出："强调把保护放在首位，并不是否定文物的合理利用。从一定意义上讲保护文物的目的最终还是利用。实践证明，合理、适度、科学地利用，不仅不会妨碍保护而且有利于保护。"他在讲话中应用了"利用"和"合理利用"，从讲话内容观察，重点是"利用"文物，充分发挥文物作用。1995 年，李铁映在全国文物工作会议上，提出了"有效保护，合理利用，加强管理"，进而指出："我们所讲的'利用'主要是指在充分发挥肯定文物所拥有的科学、艺术和历史价值的基础上，发挥其文化教育作用、借鉴作用和科学研究作用。"

从 1987 年国务院 101 号文件在"充分发挥文物的作用"部分也提到"利用"一词,即"要利用祖国文物"来规范发挥文物作用,到 1992 年李瑞环讲话提到"利用"一词阐述发挥文物作用,1995 年李铁映讲话提到"利用"一词阐述利用文物发挥其教育、借鉴和科学研究作用等,充分而深刻地说明:利用文物,发挥文物作用和运用文物发挥文物作用的基本文化内涵是相通的、一致的,是一个完整的科学课题。

20 世纪 80 年代以来,文物研究充分发挥文物作用取得了重要成绩,代表性成果有:《中国大百科全书·考古学》《中国大百科全书·文物博物馆》《中国古代书画图目》《中国文物地图集》,还有苏秉琦主编《中国通史·远古部分》等,这些重要研究成果,获得了广泛好评,取得了良好的社会效益。

文物作用和文物利用建设的新时代^①

2002 年 10 月 28 日，第九届全国人大常委会第三十次会议通过了修订的《中华人民共和国文物保护法》（以下简称《文物保护法》）。其立法宗旨基本继承了 1982 年《文物保护法》，特别指出"根据宪法，制定本法"。它是 1982 年《文物保护法》的继承发展和完善，是我国贯彻依法治国方略、全面加强文物保护法制建设和进一步完善文物保护法律制度的重大举措，为在社会主义市场经济体制下，进一步加强文物保护、发挥文物作用提供了重要法律保障，标志着我国文物法制建设、文物保护利用和管理工作进入一个新的发展阶段。在第四条明确规定："文物工作贯彻保护为主、抢救第一、合理利用、加强管理的方针。"这是《文物保护法》第一次就文物工作方针作出规定。这一方针是将 20 世纪 90 年代中央确定的文物工作"保护为主，抢救第一"方针和 1997 年国务院通知中确定的"有效保护，合理利用，加强管理"的原则整合成一个文物工作完整的方针，写入《文物保护法》，成为一项法律

---

① 原载《中国文物报》，2020 年 7 月 17 日第 3 版。

准则，上升为国家意志。合理利用文物，充分发挥文物作用，在《文物保护法》中有一系列重要规定，如：第一条、第十一条、第二十四条、第三十五条、第四十条、第四十四条、第五十一条、第六十二条等。文物保护利用是党和国家的重要事业，也是人民的事业，需要人民群众广泛参与和支持，因此，就"文物利用"和发挥"文物作用"来说，"文物利用"词语更适用于大众化。把文物保护利用纳入文物工作方针，对将文物保护事业建设成科学的、大众的和现代化的文物事业，具有重要的理论和实践价值与深远的历史意义。

把"合理利用"写入《文物保护法》，是文物利用的新起点，充分运用传统媒体和新媒体两者相结合进行宣传，使文物利用在广度和深度方面进一步发展，成绩斐然。文物研究和发挥文物作用，反映在图书出版方面，近十年每年评选出文化遗产十佳图书和优秀图书，内容涉及文物研究和文物保护、利用、管理等方面；文物研究成果是利用文物、发挥文物作用的基础；反映在陈列展览方面，涌现出一批文物陈列展览精品，每年评选出的"十大精品"集中反映了文物陈列展览的重要成果。中国国家博物馆的《复兴之路》展览，社会反应热烈，习近平 2012 年 11 月 29 日在参观《复兴之路》展览时指出："《复兴之路》这个展览，回顾了中华民族的昨天，展示了中华民族的今天，宣示了中华民族的明天，给人以深刻的教育和启示。"2014 年 10 月 22 日，习近平为法国国立吉美亚洲艺术博物馆利用来自中国 27 家博物馆的 450 多件精美文物举办的"汉风——中国汉代文物展"题写了序言，指出："中法分别是东西方文明的重要代表，两国加强文明交流互鉴，有助于夯实中法关系的民意基础，有利于促进中华文化和法兰西文化交相辉映，有利于推动世界文明多样性发展。"2019 年北京举办"为新中国奠基——中共中央在香山"展览，习近平总书记参观后给予高度评价。反映在参观游览场所方面，进一步拓展参观游览场所，加快建设考古遗址公园和以不可移动文物为依托的文化带等。总之，利用文物，发挥文物作用，为人民群众做好文化服务，使人民充分享受文化建设成果。

2012 年 11 月，党的十八大以来，习近平总书记对文物保护利用作出了一系列重要指示批示和论述，思想深邃，文化内涵博大精深。如：2013 年 12 月 30 日，习近平在主持十八届中央政治局第十二次集体学习时的讲话中指出："要系统梳理传统文化资源，让收藏在禁宫里的文物、陈列在广阔大地上的遗产、书写在古籍里的文字都活起来。"要用多种方式展示中华文化魅力。2014 年 2 月 25 日，习近平在北京市考察工作时的讲话中指出："历史文化是城市的灵魂，要像爱惜自己生命一样保护好城市历史文化遗产。北京是世界著名古都，……要本着对历史负责，对人民负责的精神，传承历史文脉，处理好城市改造开发和历史文化遗产保护利用关系，切实做到在保护中发展，在发展中保护。"2015 年 2 月 14 日至 15 日在延安市、铜川市和西安市考察工作时的讲话中指出："一个博物院就是一所大学校。要把凝结着中华民族传统文化的文物保护好、管理好，同时加强研究和利用，让历史说话，让文物说话，在传承祖先的成就和光荣、增强民族自尊和自信的同时，谨记历史的挫折和教训，以少走弯路、更好前进。"2016 年 3 月，习近平对文物工作作出全面、系统的重要指示："文物承载灿烂文明，传承历史文化，维系民族精神，是老祖宗留给我们的宝贵遗产，是加强社会主义精神文明建设的深厚滋养。保护文物功在当代、利在千秋。""近年来，我国文物事业取得很大发展，文物保护、管理和利用水平不断提高。但也要清醒看到，我国是世界文物大国，又处在城镇化快速发展的历史进程中，文物保护工作依然任重道远。""各级党委和政府要增强对历史文物的敬畏之心，树立保护文物也是政绩的科学理念，统筹好文物保护与经济社会发展，全面贯彻'保护为主、抢救第一、合理利用、加强管理'的工作方针，切实加大文物保护力度，推进文物合理适度利用，使文物保护成果更多惠及人民群众。各级文物部门要不辱使命，守土尽责，提高素质能力和依法管理水平，广泛动员社会力量参与，努力走出一条符合国情的文物保护利用之路，为实现'两个一百年'奋斗目标、实现中华民族伟大复兴的中国梦作出更大贡献。"习近平这一关于文物工作的重要指示，集中体现了以习近平同志为核心的党中央高度重视文物工作。

2017 年 10 月 18 日，习近平在中国共产党第十九次全国代表大会上的报告中，明确提出要"加强文物保护利用和文化遗产保护传承"。这是党和国家最高领导人在党的全国代表大会上第一次提出要"加强文物保护利用"，史无前例，是文物保护利用史上重要的里程碑，标志着文物保护利用进入新时代。中共中央、国务院在党的十九大后，推出一系列文物保护

利用改革重大举措，加快中国特色文物事业发展建设，如
2018 年 10 月，中共中央办公厅、国务院办公厅印发《关于加
强文物保护利用改革的若干意见》，标志着文物事业改革纳入
了国家改革总体总署，意义重大。

在新时代，为了有利于全面贯彻落实习近平总书记关于文
物工作一系列重要指示批示和论述，贯彻落实党中央、国务院
关于文物保护利用改革的一系列重要举措和部署，特此建议：
在现有文物事业机构的基础上，组建中国文物科学院，筹建中
国文物科学院革命文物研究院。它们的研究范畴主要有三个方
面及其相关领域：一、研究文物本体；二、研究文物保护利
用，包括研究运用文物保护传统技术和现代科学技术、方法
等，加强文物保护、合理利用研究；三、研究文物现代化管理
和治理，包括文物行政管理和文物法规建设研究等，从而大力
促进中国特色文物事业发展建设。

给文物划定一百年以上限制的是革命文物

近日，有媒体刊登了一篇文章，谈了《中华人民共和国文物保护法》（以下简称《文物保护法》）修订中的"几个问题"，涉及 7 个方面，需仔细研究，下面先谈几点意见。

一、"几个问题"第四部分是"要给'文物市场'管理一席之地"，并对 2002 年修法时这方面情况作了简要评述。2002 年《文物保护法》修订历经 6 年，文章作者并没有参加修订《文物保护法》的全过程，也没有参加全部修法活动，评述与事实不符。当年不论是国务院法制办，还是全国人大教科文卫委员会、全国人大常委会法工委，对旧货市场、文物市场作了许多考察调研。陈华莎同志就陪人大法工委主持《文物保护法》修订工作的张副主任在北京多处调研。"民间收藏文物"一章规定，经多次讨论研究，从文物保护出发和当时情况作出的。其中有的规定也符合世界贸易组织关贸总协定中规定的一些例外的精神。我们应该用唯物史观进行实事求是的分析研究，提出合理建议，不应简单作出不符合史实的否定，而且用"掩耳盗铃"词语，对人有蔑视之嫌。

二、"几个问题"第三部分是关于文物工作十六字方针中

"加强管理"去留问题。作者对"管理"一词的评述，导致在十六字方针中要去掉"加强管理"，改为"传承发展"。这一点需认真研究。"管理"一词是否不适应了，不需要了，学界议论不能作为依据。习近平总书记关于文物工作指示中讲："全面贯彻'保护为主、抢救第一、合理利用、加强管理'的工作方针。"保护利用的要义是传承、发展，管理是保证其落地、实现。我们应深入学习，深刻理解四句话之间的含义。

三、"几个问题"第二部分是关于文物概念、范畴的界定，提出"一般情况：对各类文物统一划定一个绝对年代，譬如一百年以上"；"特殊情况：不足一百年的，由国务院文物主管部门确定认定标准和办法，并报国务院批准。"这一修法建议令人惊讶！中国文物法律中规定保护"与重大历史事件、革命运动或者著名人物有关的以及具有重要纪念意义、教育意义或者史料价值的近代现代重要史迹、实物、代表性建筑"等近代现代文物，是中国保护文物的先进理念，70年的保护实践证明它是完全正确的、科学的。而修法建议改为划定一个统一年代，比如一百年以上的做法，是过去西方一些国家认定文物的做法，由于在执行中的问题，有的国家已作修改，如美国。为什么要这样效仿呢？百思不得其解。

如果按上述修法建议修改了，会产生什么样的后果呢？简单说，一是把法律保护近代现代文物的规定，从法律规定降为国家文物主管部门报国务院批准的法规性文件规定，法律层级和法律效力将大为降低，对近代现代文物保护将产生不可估量的严重影响。

二是新中国成立 70 年保护、收藏的近代现代（当代）文物如何保护管理，依据是什么？特别是 1950 年中央人民政府确立保护革命文物、建立革命文物保护制度以来，革命文物中不可移动文物和可移动文物保护工作取得了巨大的成绩。革命文物保护事业是党和国家的重要事业，2018 年，中共中央办公厅、国务院办公厅第一次联署印发《关于实施革命文物保护利用工程（2018—2022）的意见》，作出了重大部署。如作上述修改，公布的各级文物保护单位中的革命文物，收藏在博物馆、纪念馆等单位的革命文物藏品，是否要重新认定、公布，是否需要重新认定、登记、区分等级；党中央、国务院关于革命文物的保护利用工程是否需要重新部署？

三是新中国成立 70 年产生、形成的现代（当代）文物，加上近代民国后期的文物，不再是新中国文物工作和文物保护事业的重要组成部分。这种历史大倒退的规定是对新中国文物保护工作和文物保护事业基础的极大削弱，是对新中国开创的中国特色文物保护利用之路的重创。同时，国际文化遗产界也在保护 20 世纪遗产，中国的修改决定，对他们也将产生不良影响。

四、"几个问题"第七部分是"需要进一步深入调研一系列重要的制度设计问题"。这部分总体上是高度概括，原则的多，具体的少；有的内容现行法律中已有规定，有些内容不是文物保护法律规定的范围。

现在需要研究可以和应该列入文物保护法律内的问题，在修订《文物保护法》时条款如何设计，内容如何表述，如果能列出若干条款，那对这次修法将是重要贡献。

在"几个问题"的这一部分，"考古管理制度"中，列有"土地出让、建设工程前的考古勘探、文物影响评估……重大项目公开招标……"其中的"重大项目公开招标"，具体是指哪类项目？

"几个问题"中有些提法和建议仍需认真研究、慎重对待，这里不再列举。

文物保护理论、文物法律理论需要研究的课题很多，需各方面共同努力，深入开展，以促进中国特色文物保护事业发展和文物法治建设。

2019 年 10 月 3 日

关于删除《文物保护法（修订草案）》送审稿"其他一百年以上的实物"的意见①

1.《中华人民共和国文物保护法》关于文物认定是以文物价值及其体系为标准。送审稿第二条（一）（二）（三）（五）（六）都是从文物价值出发作出的认定。但在（八）作出"其他一百年以上的实物"则是以年代作标准，与以文物价值及其体系标准相违背，与学理和法理相悖。它破坏了中国特色文物认定传统、认定标准体系。

2. 第二条（八）作为文物认定的兜底条款，与原法兜底条款即送审稿第二条（七）的规定是相矛盾的，在逻辑上冲突。"反映历史上各时代、各民族社会制度、社会生产、社会生活以及反映历史上中外交流的代表性实物"，这一项规定，可以说无所不包，概括性极强，已经很完整了，为什么还要加

---

① 2021 年 6 月 15 日，中国文物学会根据司法部办公厅《关于征求〈中华人民共和国文物保护法（修订草案）〉》（送审稿）意见的函召开座谈会，该意见是在会上发言稿的第一部分。

一项（八）？在送审稿说明中，也没有例举"其他一百年以上的实物"指的是什么实物。

3. 第二条（八）"其他一百年以上的实物"，从时间上计算，应是 1920 年以前的实物。这一规定与第二条（二）（三）（五）（六）项规定，特别是与第（三）项规定内容相冲突，是矛盾的。"一百年以上的实物"，正好把中国共产党党史、新中国 70 多年建国史、改革开放 40 多年历史、社会主义发展史的遗迹、遗物排除在外。如果按这一兜底条款规定，它们都不够一百年，都不可认定为文物。若如此，又否定了第二条（三）项的内容。中国近代以来，从未在法律法规中作出多少年的实物为文物的规定。在《中华人民共和国文物保护法》中作出保护"四史"文物规定，又规定"一百年以上的实物"为文物，很显然是矛盾的。

4. 送审稿"说明"说"借鉴国际通行的以一百年作为古物认定年代线的做法"。这一说明缺乏法律根据，没有关键性根据。即使如此，对我国也并无实际意义，我国一般把 1911 年以前的遗物作为"古物"。

所谓一百年规定，源于 1830 年美国的关税条例，主要针对出口的物品，由于执行不便等问题，1966 年作了新的规定。此前有的国家仿效，但情况已发生了很大变化。例如，美国 2003 年《文物出境管控令》（2009 年修订）规定，将制作时间距出境日期起 50 年的物品定义为文物，主要限于私人信函等物品，其他物品均未作年限规定。

又如，澳大利亚可移动文物法律第二部分进出口控制部分，所列可移动文物 9 个类别，均未作年代限制。

再如，日本 2018 年修改文化财保护法等法律第二条"文化财"包含的内容，均未规定年限。

5. 国际公约规定。在联合国教科文组织 1970 年公约中，关于"文化财"界定的 11 项（类）可移动文物中，仅有两项，即"一百年以上的古物，如铭文、钱币和印章"；"一百年以前的家具物品和古乐器"，其他 9 项物品均未作年代规定。

1995 年公约，国际统一私法协会在制定该公约的几次政府间专家委员会会议上，中国和其他文明古国及文物出口国的代表，都不同意将 1970 年公约中规定的 11 项物品写入文物返还公约正式文本内，最后只作为 1995 年公约文件的附件，也可证明一百年规定不是国际通行的认定古物的做法。笔者亲历了几次政府间专家委员会制定公约时的讨论。

从以上两个公约看，只是对出口文物中个别物品作出了年代规定，而且都是指"文化财"，即可移动文物。送审稿第二条（八）作为兜底条款规定一百年，把它扩大到不可移动文物，还"说明"是"国际通行做法"，以证其合理性，是完全错误的，完全混淆了概念和范围，是不能成立的。在《保护世界文化和自然遗产公约》中没有一百年规定。

从一些实践观察：21 世纪以来，国际社会一些重要活动，把保护利用工业遗产、建筑遗产、20 世纪遗产作为重要课题，应是以价值确定遗产，而非具体年限，也是重要的例证。

6. 关于"参照"问题。送审稿"说明"：参照世界海关组织《进出口税则商品及品目注释》中"超过一百年的古物"

作出了"增加'其他一百年以上的实物'作为兜底条款"。这里的"参照"是仿照，实际是作为依据。我国立法，不应把一个国际组织的一个"注释"作为仿照和依据，从其层级和权威都远不够。

新中国文物立法，对于国际上好的东西，应当借鉴，同时要结合中国文物实际和中国国情、中国特色社会主义法律体系予以消化、吸收，而不是仿照接入。况且一百年年限的认定做法，已不是好的做法，更注重以价值取向认定的做法。这种仿照的做法，破坏了中国文物的价值认定体系和结构。

7. 破坏了中国特色文物出口鉴定和年代标准体系。新中国成立后，中央人民政府政务院于 1950 年制定颁发了《禁止珍贵文物图书出口暂行办法》，以文物的价值规定了 11 类文物禁止出口。这是新中国中央人民政府政务院颁发的保护文物的第一个法令，确立了重要原则。此后经过十年实践总结和系统研究，制定颁发了文物出口鉴定原则（标准）和年代体系，分为 21 大类和若干小类；新世纪作了修订，已执行了 60 多年。经过实践检验，它是科学的、合理的、有效的，是中国特色文物出口法规规定，对禁止珍贵文物出口，保障文物安全发挥了重要作用。如果用"一百年以上的实物"作标准，第二条（三）规定的"四史"文物和 55 个少数民族文物以及民俗文物等将不在禁止和限制出口的范围，会造成这些文物大量外流，有不少品类可能形成国内保存的空白或断续不全，造成无法弥补的重大损失。

因此，"其他一百年以上的实物"的规定，对文物出口鉴定标准和年代体系来说，是一个严重破坏，甚至可以说是颠覆性的。作为兜底条款，不涉及一些不到一百年的历史建筑、石刻等，也就可以拆运出口，这将是一种什么样的后果？

8. 未见新的文物出口鉴定标准和年代体系的顶层设计和研究报告。在确定"其他一百年以上的实物"之后，立即会涉及出口文物鉴定标准和年代体系的大变动，现在未见相应的顶层设计和系统研究成果，如果出现一段法规规定空白，会给文物出境审核等一系列工作带来灾难性混乱。

同时，确定"一百年以上的实物"为文物，意味着以后每年都会有众多实物被确定为文物，需要认定、公示等等，既涉及可移动的，也涉及不可移动的，将要投入多少人力、物力、财力？对如此重大的涉及全局的事项，未见测算、规划、研究报告等。

综上，从文物认定的价值体系、保护制度和文物出口制度等体系观察，在第二条（八）规定"其他一百年以上的实物"，都是冲突的，是不相容的。因此，应当删除，保持原体系和制度的完整性、科学性、合理性、有效性。加强还是破坏原体系，是取舍的根本原则。

一份珍贵史料文物和革命文物定义述评

新年伊始，笔者再次重阅一份十分珍贵的文物和革命文物定义史料。据记忆，20世纪90年代初，国家文物局副局长沈竹离休，他交给我几份资料，其中一份是《"文物"的几种定义》，十分重要和珍贵。我感受到他把这份重要资料交给我的深意，我一直妥善保存，并激励着自己研究。2022年，笔者在撰写《革命文物专门法规建设的思考》一文时，第一次引用了陕西省革命文物术语解释，并作简要评述。现就《"文物"的几种定义》逐一作些述评。

《"文物"的几种定义》，16开横线稿纸，手书，共3页。所载文物定义6种，以年代先后为序。

第一种文物定义："自古至今劳动人民在生产斗争和阶级斗争中创造和使用的，能反映人类社会发展各个时期物质文化成就、阶级斗争状况、人民生活情况的具有典型及纪念性的实物和遗迹。"它是"1960年文博研究所和文化学院举办文博训练班编写的《中国文物工作概论》"一书中表述的文物定义。这是笔者看到的新中国早期对文物的一种定义。

《中国文物工作概论》一书，据笔者记忆，是16开油印

本，现在不知存放在什么地方。1960 年，文化部文博研究所
（现中国文化遗产研究院前身）和文化部办的文化学院举办文
博训练班，组织编写而成，是一项重要成果，留下了文物学科
建设重要史料。

该定义从时代上讲，"自古至今"包括了古代、近代和现
代；从内容上讲，包括了各种、各类以及不同属性的文物，应
该说，它也包含了革命文物。总之，是一种比较概括、规范的
文物定义。在新中国早期文物学科研究和建设起步阶段，对文
物作出具有一定水平的定义实属罕见。定义中应用"生产斗
争"和"阶级斗争"词语，是那个时期政治历史大局形势下
普遍应用之词语，对该文物定义来说，就是其时代印记，也可
称其为时代性。

第二种文物定义："文物是劳动人民在历史上进行生产斗
争、阶级斗争和科学实验三大革命中的遗物，是向人民进行爱
国主义、革命传统和辩证唯物主义与历史唯物主义教育的实物
例证。"它是"1976 年国家文物事业管理局文物处讨论的意
见"。当时文物局文物处处长是陈滋德，副处长是谢辰生。

该定义内容实际上分为两部分，前半部分采用了那个年代
中央提出的生产斗争、阶级斗争和科学实验三大革命替代了历
史年代，替代了社会历史发展的全部，是一种概括，可以作为
文物的一种定义；那么后半部分内容实际讲的是发挥文物的作
用。从整体上，反映了那个年代的特殊性。

第三种文物定义："遗存在社会上或埋藏在地下的历史文
化遗物，一般包括：①与重大历史事件、革命运动和重要人物

有关的、具有纪念意义和历史价值的建筑物、遗址、纪念物等；②具有历史、艺术、科学价值的古代文化遗址、古墓葬、古建筑、石窟寺、石刻等；③各时代有价值的艺术品、工艺美术品；④革命文献资料以及具有历史、艺术和科学价值的古代图书资料；⑤反映各时代社会制度、社会生产、社会生活的代表性实物；⑥反革命的历史罪证。"

该定义是1977年12月上海人民出版社出版的《辞海》中对文物的表述。它是采用了概括和例举表述的方法，即"遗存在社会上或埋藏在地下的历史文化遗物"，可作为概括的定义，之后的①—⑥作为例举的各时代、各种类文物，包括①首先表述了革命文物的含义、范围和种类，突出了革命文物的地位和重要性。应该指出，该定义中所例举的各类文物①—⑤，完全是1960年国务院颁发的新中国第一部综合性行政法规《文物保护管理暂行条例》中第二条第（一）至第（五）的规定，是行政法规确定的各时代、各种类文物。在1982年和2002年《中华人民共和国文物保护法》中继承了这些规定内容。

第四种文物定义："历史文物是人类在历史上所创造的物质形式的文化遗产。它从不同的领域和侧面反映出历史上人们社会实践的状况。用马克思主义的立场、观点、方法对历史文物进行整理和研究，是历史科学的重要组成部分；对文物的正确使用和宣传，对于进行辩证唯物主义和历史唯物主义教育以及爱国主义教育具有十分重要的意义。"它是"1979年12月中国历史博物馆《历史文物鉴定编目概论》提纲"中的表述。

原中国历史博物馆职能是收藏、研究、展陈、宣传古代历史文物。所称"历史文物"实际是指中国古代文物，不包括1840年以后的近代和现代文物，进而言之，也不包括1840年以来的革命文物。从中国全部历史和文物整体来看，上述文物定义，作为《历史文物鉴定编目概论》提纲中对"历史文物"及其研究、宣传等作出概括表述，比较恰当，针对性强，且更为合理。

如果换个角度评析，把"历史文物是人类在历史上创造的物质形式的文化遗产"，作为古代文物的定义，且表述为"物质形式的文化遗产"是比较早的一种表述。从"它从不同侧面……"的表述，可作为对历史文物定义的解读或者释义。

第五种文物定义："具有历史、艺术价值的古代遗物。"它是1980年商务印书馆《辞源》中"文物"条目的释文，极其精练，但也有明显的局限性，只局限于古代文物，并不包括中国近代和现代文物。

第六种文物定义："各时代的人们在生产、生活和斗争过程中遗留到现在的具有历史、科学和艺术价值的遗物和遗迹。按其性质可分为历史文物和革命文物两大类。"

"历史文物：以前各时代遗留下来的遗物和遗迹，都叫历史文物。包括古文化遗址、古墓葬、石刻艺术、古建筑、生产工具、生活用品、武器和各种文化艺术品等。"

"革命文物：反映中国人民在各个革命阶段反帝反封建、反对官僚资本主义斗争中遗留下来的遗物和有纪念意义的旧址。其中以'五四'以来中国共产党领导的革命斗争为主，远溯到辛亥革命、太平天国革命和鸦片战争。"

该定义是"1982年1月《陕西省文物保护管理暂行办法》名词术语解释"中的表述。对该定义的评析，需从多角度观察，以下简单谈几个重点。

第一，"各时代的人们在生产、生活和斗争过程中遗留到现在的具有历史、科学和艺术价值的遗物和遗迹。"它应该是关于文物的一个总的定义，各时代包括古代、近代和现代，遗物和遗迹包括了可移动和不可移动文物中的各种、各类文物。进而言之，认定其为文物，应具有历史、科学和艺术价值。因此，该定义的科学价值较高。

第二，暂行办法名词术语解释，在上述定义中，又将文物区分为"历史文物"和"革命文物"两大类。从对两大类文物行文表述看，实际上，"历史文物"内容为古代文物，"革命文物"内容为近代和现代文物。

第三，"历史文物"是指古代文物，即1840年以前的各种类文物。"革命文物"是指1840年以来革命斗争进程中产生的文物，也是历史文化遗存。从历史视角看，古代文物和革命文物都是历史文物。

第四，"革命文物"并非近代和现代文物的全部，实际上革命文物是近代和现代文物的重要组成部分。

第五，从文物分类学原则看，上述"历史文物"与"革命文物"，作为对应的，或者同一层级的分类，采用了两个标准，一个是年代标准，一个是属性标准，这样交叉分类不符合文物分类原则，缺乏科学性、合理性，产生了逻辑方面问题。

随着文物学科理论建设不断发展，文物研究和文物工作实践的深入，对上述问题逐步加以澄清，或者调整。例如全国重点文物保护单位名单中的分类，已由"（一）革命遗址及革命纪念建筑物，（二）石窟寺，（三）古建筑及历史纪念建筑物，（四）石刻及其他，（五）古遗址，（六）古墓葬"，调整为：（一）古遗址，（二）古墓葬，（三）古建筑，（四）石窟寺及石刻，（五）近代现代重要史迹及代表性建筑，（六）其他。

在上述关于"文物"几种定义述评的基础上，如果作一些延伸观察，那么自20世纪90年代以来，文物界、学术界在文物学科建设中，不断加强基础理论研究，包括对文物定义的研究，已取得一系列重要成果，仅就文物定义而言，这里例举三种：

1993年1月，中国大百科出版社出版《中国大百科全书·文物博物馆》卷，在卷首有文物编辑委员会主任谢辰生撰写的概观性文章《文物》。他在"文物的定义"部分写道："文物是指具体的物质遗存，它的基本特征是：第一，必须是人类创造的，或者是与人类活动有关的；第二，必须是已经成为历史的过去，不可能重新创造的。"他进一步写道："当代中国根据文物的特征，结合中国保存文物的情况，把'文物'一词作为人类社会历史发展进程中遗留下来的、由人类创造或者与人类活动有关的一切有价值的物质遗存的总称。"

2005年10月，学苑出版社出版笔者《文物学》一书，至今已第15次重印。该书是在笔者1990年河北人民出版社出版的《中国文物学概论》基础上调整、补充，增加5章共17节，构成了文物学新的框架体系。在该书中，笔者对文物定义表述为："文物是人类在社会活动中遗留下来的具有历史、艺术、科学价值的遗迹和遗物。也可以说，文物是历史上人们创造的或与创造活动有关的物质文化和精神文化的遗存，具有历史、艺术、科学价值，是重要的物质文化遗产。"

2019 年 9 月，高等教育出版社出版了"马克思主义理论研究和建设工程重点教材"《文物学概论》，由《文物学概论》编写组编著，刘毅主编。该书对文物定义表述为："文物是人类在社会历史发展进程中形成的，由人类创造、制作或因人类活动而有印迹的一切有价值的物质性遗存的总称。"

文物定义的表述，在文物界、学术界已逐渐取得共识，因此，在 2021 年《文物保护法（修订草案）》送审稿中，对文物定义作出法律规范。

2023 年 1 月 28 日

癸卯年正月初七

附件：

《"文物"的几种定义》复印件

复印件

第 1 页

"文物"的几种定义

一、自古至今劳动人民在生产斗争和阶级斗争中创造与使用的，能反映人类社会发展各个时期物质文化成就、阶级斗争状况、人民生活情况的具有典型及纪念性的实物和遗迹。

—— 一九六〇年文博研究所和文化学院举办文博训练班编写的《中国文物工作概论》

二、文物是劳动人民在历史上进行生产斗争、阶级斗争和科学实验三大革命中的遗物，是向人民进行爱国主义、革命传统和辩证唯物主义与历史唯物主义教育的实物例证。

—— 一九七六年国家文物局文物处讨论的意见

三、遗存在社会上或埋藏在地下的历史文化遗物，一般包括：① 与重大历史事件、革命运动和重要人物有关的，具有纪念意义和历史价值的建筑物、遗址、纪念物等；② 具有历

第 页

史、艺术、科学价值的古代文化遗址、古墓葬、古建筑、石窟寺、石刻等；③各时代有价值的艺术品、工艺美术品；④革命文献资料以及具有历史、艺术和科学价值的古代图书资料；⑤反映各时代社会制度、社会生产、社会生活的代表性实物；⑥反革命的历史罪证。

——一九七七年十二月上海人民出版社《辞海》

四、历史文物是人类在历史上所创造的物质形式的文化遗产。它从不同的领域和侧面反映出历史上人们社会实践的状况。用马克思主义的立场、观点、方法对历史文物进行整理和研究，是历史科学的重要组成部份；对文物的正确使用和宣传，对于进行辩证唯物主义和历史唯物主义教育以及爱国主义教育具有十分重要的意义。

——一九七九年十二月中国历史博物馆《历史文物鉴定编目概论》提纲

五、具有历史、艺术价值的古代遗物。

第 二 项

—— 一九八〇年商务印书馆《辞源》

六、各时代的人们在生产、生活和斗争过程中遗留到现在的具有历史、科学和艺术价值的遗物和遗迹。按其性质可分为历史文物和革命文物两大类。

历史文物：以前各时代遗留下来的遗物和遗迹，都叫历史文物。包括古文化遗址、古墓葬、石刻艺术、古建筑、生产工具、生活用品、武器和各种文化艺术品等。

革命文物：反映中国人民在各个革命阶段反帝、反封建、反对官僚资本主义斗争中遗留下来的遗物和有纪念意义的旧址。其中以"五四"以来中国共产党领导的革命斗争为主，远溯到辛亥革命、太平天国革命和鸦片战争。

—— 一九八二年一月《陕西省文物保护管理暂行办法》名词术语解释

文物工作主要特点[1]

——《文物工作实践与思考》序

1984年，李宝才同志从中山大学历史系毕业分配到河北省文物局工作，岁月如梭，回想起来，我和宝才已相识近40年。

文物工作实践性很强，宝才同志到河北文物局后一直处于工作第一线，大量时间在工作现场，了解文物情况及保护问题，与省内的有关同志研究解决问题的方案和具体办法，积累了大量实践经验。实践出真知。他对工作中的经验和所思所想，认真归纳，写成文章。《文物工作实践与思考》正是他近40年学习、实践、研究工作的写照。其中的文章既有实践性，又有一定的理论性，构成了这部《文物工作实践与思考》的重要特点之一。

文物工作专业性和政策法规性很强。所谓专业性强，是因为文物不可再生、不可替代等特性决定的。文物是不可再生的

---

[1] 《文物工作实践与思考》，李宝才著，文物出版社2022年。

文化资源，要做好文物工作，必须对文物的特性、特点、价值、作用等有比较深入的了解。为此，学习是重要的前提。宝才同志具有历史学专业的基础，为掌握文物知识和研究提供了扎实的基础。几十年来，他不断接触河北的各类文物，结合不同文物保护情况进行研究，既为保护利用提供专业依据，又为保护不同文物，区别情况提出意见和建议。在此基础上，进一步思考总结，写出心得体会，构成一种带有规律性的文物保护文章。这是《文物工作实践与思考》的第二个重要特点。

文物工作政策法规性很强，必须旗帜鲜明地坚持依法行政、依法管理，根据国家文物方针政策和法律法规开展工作，始终坚持宪法法律至上，做到依法保护、依法利用、依法管理。宝才同志在文物工作中，坚持按照文物工作方针政策和法律法规对待和处理工作中的问题，并依据实践，总结经验归纳提升，写出文章，是结合文物工作实际，以法治文和文物法学研究的重要成果。这是《文物工作实践与思考》的第三个重要特点。

文物工作有诸多领域，每个领域从文物及其特点、保护文物个体与环境，以及相关问题，都不尽相同，既有共性，又有个性，不同领域的文物工作，需要区别对待。总的来说，文物工作，是其各领域工作的系统集成。宝才同志在河北省文物局不同岗位工作时，能够针对上述不同情况，学习、实践、总结、研究。例如，他修复一尊佛像，该项工作既不是他的工作职责，也不是他的专长，但需要和确定由他做时，他怀着对文物的挚爱和敬畏之心，认真学习、试验，谨慎对待，终于圆满完成了修复工作，得到了专家好评。他也为此撰写了一篇文章，传承匠心技艺是一项重要成果。《文物工作实践与思考》中的文章，涉及文物价值与作用、依法保护管理、文物修复、博物馆纪念馆等领域，是他在文物工作不同领域实践、思考、辛勤耕耘的系列成果。这是《文物工作实践与思考》的第四个重要特点。

宝才同志近 40 年在文物工作一线多个领域工作实践，经验积累、知识积累、成果积累，都为进一步综合研究打下了良好基础。希望他珍惜和发挥这一优势，多开展一些综合研究，为加快文物学科体系、学术体系、话语体系建设和新时代文物事业繁荣发展作出新的贡献。在宝才同志《文物工作实践与思考》出版之际，作为多年的同事和几十年联系交流，遂写了上述文字。

是为序。

2021 年 12 月 18 日

记录文物法律教育开创与发展历程

　　1982 年，全国人大常委会通过、公布实施《中华人民共和国文物保护法》，迄今已 40 年，文物法治建设已取得了重要成就，形成了中国特色文物法律体系，文物法律法规宣传教育也取得了重要成绩。笔者一直坚持认真学习、研究、宣传文物法律法规，并适时开辟文物法律教育实践历程，联系文物保护管理实际，认真讲授文物法律法规和文物保护管理课程。这是一项对文物法治带有根本性和长期性的实践，已取得了积极成效。

　　1983 年 11 月 16 日～21 日，笔者应邀在河北省唐山市文化局举办的各区、县文物干部《中华人民共和国文物保护法》学习研讨会上，每天讲半天，共用 22 小时，讲授文物保护法课，开创了文物法律教育先河。俟后，将部分讲稿整理，以《文物保护单位的几个问题》为题，在国家文物局《文物通讯》和《文物工作》上连载，受到了好评。国家文物局同志建议对全部讲稿进一步整理、修改、补充，结集出版。经过认真修改、调整、增补，重新拟订篇目框架，以《文物保护管理概要》为书名，1987 年由文物出版社出版。时任国家文物局顾问、著名文物保护专家谢辰生先生为该书赐序，他写道：这是"他二十多年实践经验的总结。此书对文物工作的基本规律和文物工作的方针政策作了比较全面地阐述，提出了自己的见解。这对广大文物工作者，特别是刚走上文物工作岗位的新同志无疑是很有帮助的"。同时还指出："李晓东同志这部著述，还是中华人民共和国成立以来第一部系统论述文物工作的书。"《概要》（《李晓东文物论著全集》第一卷，文物出版社2020年版）是开创文物法律教育先河的重要成果，产生了良好反响。有些省将其作为文物干部培训参考教材。笔者20世纪80年代在一些文博培训班、大学文博班讲授文物法律法规和保护管理课时，将其作为基本教材。

20世纪90年代初，为适应文物干部培训与普法的需要，笔者主编出版"文物系统培训教材"——《文物法规与文物管理》（北京燕山出版社1992年版）和主持编写"全国文物系统普法统一用书"——《中华人民共和国文物保护法讲话》（法律出版社1992年版）两部著作。笔者也是该两部书的主要作者。之后，于1996年由紫禁城出版社出版拙著《文物法学：理论与实践》（《李晓东文物论著全集》第二卷，文物出版社2020年版），首先分别提出"文物法律体系"和"文物法学"概念，并进一步阐述其层级、主要内容等，也收入了笔者在此前两部书中关于文物保护法的系统论述。在20世纪90年代为文物工作培训班、研讨班讲课，在北京大学考古学系讲"文物法规与行政管理"课等，上述三部书是基本教材，以其主要内容结合文物工作实际讲授。在北大考古系讲"文物法规与行政管理"课一个学期，并进行考试。该课程为一个学分，现在仍是一个学分。在原海淀大学文博班讲文物法规与管理也是一个学期。在普法教育中，除了组织学习，还在法制日报社举办了文物法律知识竞赛、评奖等活动。

2002 年，全国人大常委会通过了修订的《中华人民共和国文物保护法》，是文物法制建设的又一重要里程碑。它是 1982 年《中华人民共和国文物保护法》的继承和发展，为新时期文物保护利用工作提供了重要法律保障。笔者于 2002 年适时撰写出版了《文物保护法概论》（学苑出版社 2002 年版；《李晓东文物论著全集》第三卷，文物出版社 2020 年版），谢辰生先生为该书作序。它是《中华人民共和国文物保护法》的第一部《概论》。之后笔者又撰写了《新〈文物保护法〉学习纲要》（《文物与法律研究》，河北人民出版社 2006 年版；《李晓东文物论著全集》第四卷，文物出版社 2020 年版）。这两部著作，是新世纪为文物考古博物馆培训班、大学考古文博专业及其他部门文物培训班讲授文物法律法规与文物保护管理课的基本教材，以其主要内容，根据教学对象和要求，结合文物工作实际，既有侧重，又保证重点，系统进行讲授。例如，有的培训班要求讲文物法律体系，又撰写了《文物法律体系纲要》；有的研究生课程进修班以《新〈文物保护法〉学习纲要》为教材，讲授"文物保护法律概论"，把两部分内容结合起来；给宗教部门寺庙管理人员培训班讲文物法规时，结合寺庙文物建筑、壁画、塑像等，讲文物法规相关规定，等等。

笔者根据笔记初步梳理，在国家文物局举办的 20 多个不同种类的文物培训班、研讨班等讲授文物法律法规与文物保护管理课（详见附表一：李晓东在国家文物局培训班讲文物法规课）；在近 20 个省、自治区、直辖市文化文物部门的文物干部培训班、研讨班等讲授文物法律法规与文物保护管理课（详见附表二：李晓东在省区市文物部门培训班讲文物法规课）；在北京大学、原河北师范学院、原海淀大学、西北大学、南京大学、复旦大学、清华大学、原北京建工学院、原北京师范学院等高校为本科生、专科生、研究生、培训班学员等讲授文物法律法规与文物保护管理等课程（详见附表三：李晓东在大学讲文物法规课）；在海关总署、国家宗教事务局等部门讲文物法规与文物保护课（详见附表四：李晓东在其他部门讲文物法规课）。这些文物法律教育实践，奠定了文物法律、文物法学教育基础。兰州大学出版社出版了"普通高等教育'十一五'国家级规划教材"——《文物法学概论》，北京大学考古学系从开设"文物法规与行政管理"课，到现在的北大考古文博学院，一直开设这门课程，是必修的一个学分课程。

2022 年

附表一　李晓东在国家文物局等培训班讲文物法规课

	时间	地点	名称	讲课内容	课时/小时	备注
国家文物局	1991 年 10 月 20 日~21 日	泰安培训中心	省级文物局（处）长法规研讨班	文物保护法第 30 条第 31 条修改决定。刑法补充规定	两个半天	李晓东主持
文化部	1992 年 7 月 20 日	长春	法制干部培训班	文物保护法细则、文物市场等		
国家文物局	1992 年 7 月 22 日~28 日	大连	文物法规研讨会	文物保护法细则	半天	李晓东主持
国家文物局	1993 年 7 月 25 日~26 日	泰安培训中心	市县博物馆文保所长培训班	文物法律法规	2 天	
国家文物局	1993 年 11 月 15 日~24 日	长沙	文物行政执法培训班	文物法规与行政执法	5 个半天	李晓东主持
国家文物局	1995 年 9 月 24 日	泰安培训中心	全国文物报刊编辑出版研讨班	文物法律体系和文物保护法	半天	
国家文物局	1996 年 6 月 11 日	北京	局分党组学习会	文物保护法与法规	半天	张文彬主持
国家文物局	1997 年 6 月 26 日	泰安培训中心	文物拍卖标的鉴定许可干部培训班	"文物法律体系"课	半天	

续表

	时间	地点	名称	讲课内容	课时/小时	备注
国家文物局	1997年9月26日	承德	世界文化遗产保护管理培训班	中国世界文化遗产的国家和国际法律保护	半天	
国家文物局	1998年6月12日		打击文物非法交易和文物走私研讨会	中国规范文物出口和惩处文物走私的法律规定	半天	
国家文物局	1999年3月17日	云南大理	西南地区民族文物业务干部培训班	少数民族文物抢救与保护管理	半天	
国家文物局	1999年7月31日	广州	文物出境鉴定玉器责任鉴定员培训班	文物出境鉴定管理	半天	
国家文物局	1999年9月13日	北大考古文博学院	全国文物博物馆处长高级研讨班	文物法律与依法行政	一天	
国家文物局	1999年10月10日	乌鲁木齐	西北地区少数民族文物业务干部培训班	少数民族文物保护与抢救	半天	
国家文物局	2000年8月17日	牡丹江	东北地区少数民族文物业务干部培训班	少数民族文物抢救和保护管理	半天	包括内蒙古同志

续表

	时间	地点	名称	讲课内容	课时/小时	备注
国家文物局	2001年3月2日	海南五指山	南方地区少数民族文物业务干部培训班	少数民族文物抢救和保护管理	半天	
国家文物局	2003年10月15日	北京文博大厦	省级古建筑保护研究所所长培训班	文物保护工程法律规范概要		文研院承办
恭王府管理中心	2006年12月22日	北京	干部职工	文物保护法概要	半天	
中国文化遗产研究院	2007年4月16日、23日、5月7日	北京	中意合作文物保护修复培训项目班(二期)	物质文化遗产保护法律概要	一天半	

附表二　李晓东在省区市文物部门培训班讲文物法规课

省区市	地点	时间	名称	讲课内容	课时/小时	备注
河北省唐山市文化局办		1983年11月16日至21日	文物保护法学习研讨班	文物保护法	共22小时	
河北省石家庄地区等办		1984年4月6日	文物干部培训班	文物保护法		
河北省灵寿县办		1985年5月11日	宣传文物保护法大会	文物保护法		在孙家庄举办，300多人与会
山东省		1991年3月26日		文物保护法		
吉林省	长春	1992年7月19日	文物干部培训班	文物法规	半天	
安徽省文物局	合肥	1994年3月	省文物行政执法培训班	文物行政执法概要 文物行政执法依据：文物法律体系；修改后的文物保护法第30条第31条和刑法补充规定	2天	

续表

省区市	地点	时间	名称	讲课内容	课时/小时	备注
云南省文化厅	大理	1995年5月5日	西南地区少数民族文物抢救与鉴定培训班	少数民族文物的保护与抢救	一天	
山西省文物安全工作会议	侯马	1995年8月9日		文物保护法	半天	
山西省临汾地区	临汾	1995年8月11日	地区副专员、文物和有关部门干部培训班	文物保护法	半天	
广东省深圳市文管办	深圳	1996年5月29日~30日	文物普法培训班	文物保护法规		
吉林省文化厅	延吉	1996年8月15日	吉林省文物行政执法研讨会	一、文物法律体系，二、行政执法，三、行政处罚，四、几个相关问题	半天	
贵州省文化厅	镇远	1997年10月16日	贵州省民族文物干部培训班	中国文物法律体系概要	半天	

续表

省区市	地点	时间	名称	讲课内容	课时/小时	备注
广东省广州市普法办和文管办	广州人民礼堂	1997年11月10日	普法（各有关部门、单位科长以上干部）培训班	文物保护法及有关法律法规以及国际宪章等	半天	400余人参加
广东省广州市文管办		1997年11月11日	文物部门干部培训班	1. 不可移动文物保护 2. 考古发掘与勘探工作 3. 博物馆要做好基础工作 4. 博物馆藏品不得出卖 5. 文物商店的任务 6. 文物干部职业道德：不得买卖收藏文物		
广西壮族自治区文化厅	广西融水县	1997年11月13~14日	广西文物馆（所）长法规研讨班	文物法律体系框架；文物保护法与有关法规	三个半天	

续表

省区市	地点	时间	名称	讲课内容	课时/小时	备注
湖南省文物局	岳阳市	1998年10月28日	全省"社建"文物征集保护工作座谈会	文物法规		
重庆市巫山县	巫山县城	1992年8月	县文保所文物陈列开幕，同时办讲座	文物法规和文物保护		
山西省文物局	太原	1999年7月5日~9日	山西省文博管理干部培训班	文物法规与文物管理	5天（有的是半天）	
广西壮族自治区文化厅	南宁	2000年3月27日~29日	全区文保所长博物馆馆长政策法规研讨班	1.文物法律与文博工作 2.文物与文物特性	4个半天	
广东省广州市文化局	广州	2001年8月21日~22日	文物博物馆管理培训班（馆长、中级以上职称）、文物博物馆管理培训班B班（一般干部）	《博物馆文物藏品法律规范》	各半天	与馆长班内容各有侧重
广东省文化厅	广州	2001年11月2日	文物拍卖专业人员培训	文物法律法规	半天	

续表

省区市	地点	时间	名称	讲课内容	课时/小时	备注
山西省运城市文物局		2002 年 9 月 18 日	文物干部座谈会	1. 文物保护法修订重点 2. 文物保护法修订的一些主要内容		
广西壮族自治区文化厅	南宁（自治区）党校	2002 年 12 月 26 日~28 日	全区文保所长博物馆馆长理论研讨会	新《中华人民共和国文物保护法》（以下简称《文物保护法》）概论·回答问题·关于文博论坛	2 天	
广东省文化厅	广州	2003 年 1 月 7 日~8 日	新《文物保护法》学习班	新《文物保护法》学习纲要	一天半	
广东省文化厅	广州	2003 年 1 月 9 日晚	广东省古建班	古建筑方面的法律法规	约 2 小时	
广东省博物馆	广州	2003 年 1 月 10 日	省博干部职工	新《文物保护法》辅导报告	半天	
广东省文化厅	文化厅会议室	2003 年 7 月 31 日	厅处级干部和厅直属单位负责人普法学习班	新《文物保护法》		

续表

省区市	地点	时间	名称	讲课内容	课时/小时	备注
天津市文化局	天津	2003 年8 月 4 日	市文物系统中级职称以上干部继续教育课	新《文物保护法》学习纲要	半天	
吉林省文化厅	集安市	2003 年10 月 26 日	吉林省文物干部培训班	新《文物保护法》学习纲要	1 天半	
云南省文物局	昆明	2003 年11 月 15 日~20 日	文物保护法规研讨班	新《文物保护法》学习纲要	1 天半	
昆明市文化局	昆明	2003 年11 月 15 日~20 日	昆明市文物干部培训班	新《文物保护法》学习纲要	半天	
甘肃省文物局	兰州（省图书馆）礼堂	2004 年3 月 19 日	《文物保护法》讲座	新《文物保护法》：1. 文物保护法是原法的继承、发展和完善；2. 深入学习文物保护法的方法与途径	半天	
山西省运城市文物局	垣曲县	2005 年7 月 18 日	运城市文物行政执法培训班	文物保护法的几个问题	一天	

续表

省区市	地点	时间	名称	讲课内容	课时/小时	备注
河北省文物局	山海关	2005年11月9日	全省文物执法培训班	文物保护法修订内容概要	一天	
陕西省委组织部、省文物局主办	西北大学干部培训基地承办	2007年5月28日	全省县（区）长"文化遗产保护培训班"（第二期)	《文物保护法》		
黑龙江省文化厅	哈尔滨	2007年11月22日	省文物干部培训班	《新〈文物保护法〉学习纲要》)		
广东省文物局	东莞	2008年11月5日~6日	地级以上市文博单位管理干部·暨文物行政执法业务培训班、全国重点文物保护单位管理机构负责人培训班	文物法律体系纲要文物保护管理概论		

附表三 李晓东在大学讲文物法规课

大学	时间	地址	名称	讲课内容	课时/小时	备注
原河北师范学院	1989 年 10 月底~11 月初	石家庄市	文博专科班	文物法规与文物管理	一周	学历教育
南京大学	1990 年 10 月 30 日	南京市	文博证书班	文物保护管理第一讲		
北京大学考古系	1993 年	北京		文物法规与行政管理		
北京大学考古系	1995 年 2 月	北大文史楼 201	91 级考古专业、93 级博物馆专业	文物法规与行政管理	一学期	期末试题判卷
原海淀大学	1996 年上半年	某教学点	文博班	文物法规与保护管理	一学期（一次两个学时）	
西北大学	2003 年 9 月 29 日	西安	全国省考古所所长培训班	新《文物保护法》课		国家文物局委托班
北京大学考古文博学院	2006 年 4 月 17 日、24 日	北大文史楼 109	考古文博学院三年级学生：考古专业、博物馆专业、文保技术专业学生	《文物保护法概述》	两个半天	

续表

大学	时间	地址	名称	讲课内容	课时/小时	备注
北京大学考古文博学院	2006 年 6 月 12 日~16 日	学院新楼 A 座大教室	"文化遗产保护与管理培训班"（西部地区文物干部培训班）	文物保护法律概述：1. 文物与文化遗产；2. 新《文物保护法》是原法的继承、发展和完善；3. 文物保护法律举要等	两天	学院承办
西北大学文博学院和陕西省文物局合办	2007 年 5 月 27 日	西北大学	全省县（区）长、省直文博单位领导、重点县文博单位负责人法规研讨班（"文化遗产保护"专题培训班）	《文物保护法律概述》		
北京大学考古文博学院	2007 年 8 月	北京大学	省级文物局长培训班	讲新《文物保护法》（教材"学习纲要"）		国家文物局委托班

续表

大学	时间	地址	名称	讲课内容	课时/小时	备注
复旦大学	2007年11月29日	上海	全国文物出境审核机构负责人培训班	新文物保护法内容的继承和发展（文物审核规定作为重点）	一天	国家文物局委托班
北京大学考古文博学院与贵州省文物局合办	2008年7月8日~18日	贵州师范大学	考古与博物馆专业研究生课程进修班	"中国文物保护法律概论"（十二个专题）	10个半天	出考题，判分

附记：由于笔记缺失，有些讲课未列入表内，如：1. 在原北京建工学院讲文物法规；2. 在原北京师范学院历史系讲文物法规（同去的有教育处屈盛瑞同志）；3. 在清华大学建筑学院讲文物法规。后经查，应是"中国文物保护所长培训班"，讲两次，每次两节（一大节）课"文物法规条例"，时间2005年9月14日、21日。

附表四　李晓东在其他部门讲文物法规课

部门/单位	时间	地点	名称	讲课内容	课时/小时	备注
海关总署	2001 年7 月 2 日	大连海关总署培训基地	中国海关缉私警察打击文物走私执法培训班	文物进出境法律法规	半天	
河北省公安厅刑侦总队	2002 年8 月 2 日	鹿泉市	侦破文物犯罪案件培训班	文物法律法规（打击文物犯罪法律）	半天	
国家宗教事务局	2008 年3 月 24 日	昌平培训中心	寺庙文物保护培训班（佛教寺庙主持、地方宗教事务局干部 200 多人）	"文物保护法是保护物质文化遗产的重要法典"	半天	
中国法学会培训中心	2008 年7 月 26 日	西宁	文物干部专题研讨班	文物保护法 2007 年修改、文物工作热点、难点问题等	半天	
中国法学会培训中心	2008 年12 月 16 日	深圳	文化遗产保护高级研修班	文物保护法的继承、发展与完善	半天	

续表

部门/单位	时间	地点	名称	讲课内容	课时/小时	备注
国家宗教事务局	2009 年 6 月 13 日	昌平培训中心	全国道教中青年道士培训班	文物保护管理（法律法规、道教文物保护）	半天	
原国家行政学院	2002 年 10 月 7 日	北京	第四期某国考察团培训班	中国现行文物保护方针政策	一天	

附录：

《中国文物地图集》编制细则^①

《中国文物地图集》编制细则[①]

（1993 年修订稿）

第一章 总 则

一、《中国文物地图集》（以下简称《图集》）是对文物调查、考古发掘等所获科学资料的归纳总结，是一部反映中国境内已知现存的不可移动文物状况的大型工具书。

编制《图集》是全国文物保护和研究的一项重要基础工作，是一项重大科学研究项目。《图集》旨在充分反映和概括当前我国文物工作和学术研究的成果，采用的材料必须准确可靠，有充分科学根据。《图集》将向国内外公开发行，拥有一定的读者面，应当在保证科学性、资料性的前提下加强知识性，形式上力求新颖、活泼。

二、《图集》是一套丛书，包括各省、自治区、直辖市分

---

① 本细则由李晓东执笔起草，涉及不可移动革命文物定名、年代、地址等内容。

册 31 册和全国重要文物分册 1 册。各分册内容的名称及编排顺序依次为：前言、凡例、图例、目录，概述，序图，专题文物图，县级行政区文物分布图，重点文物图，文物单位简介（以下简称简介），索引（图和简介）。前言、凡例、图例、目录均用中英文对照。

概述的内容主要是概括本辖区文物发现、研究和保护的历史及现状，揭示各类文物发展变化的规律以及在历史、科学、艺术方面的地位与价值，字数在 10000 字左右。

《图集》的各部分内容须前后呼应，相辅相成。

三、文物分类：《图集》收录的不可移动文物统一分为 7 大类、22 小类：

1. A 类：古遗址

　　洞穴和聚落址

　　古城址

　　长城遗址（明代以前）

　　古道遗址（包括栈道、驿道等）

　　古窑址

　　其他古遗址（包括矿冶遗址、寺庙遗址等）

2. B 类：古墓葬

　　各类古墓葬（包括拱北、麻扎等）

3. C 类：古建筑

　　木构建筑（包括宫殿、衙署、寺观、庙宇、馆堂、书院、民宅等）

　　古塔（建筑特征不明显的塔式僧人墓归 B 类）、

经幢（较大型并具有建筑特点者归入 C 类，其余归 D 类）

古桥

古城（城门、城墙等主体部分保存较完整者归入 C 类，否则归 A 类）

长城（明、清时期）

园林

其他古建筑（如牌坊、水利工程、惜字塔等）

4. D 类：石窟寺及石刻

石窟寺（含摩崖造像、造像碑）

石刻（含碑刻）

岩画（包括凿刻和绘制者）

5. E 类：近现代重要史迹

革命史迹

其他重要史迹（包括与重要历史人物或事件有关的遗址、旧址、建筑、宅邸、石刻、墓葬等和著名的店铺、工厂、洋行、银行、教堂、学校等）

6. F 类：近现代代表性建筑

中国各民族（指国务院公布的 56 个民族）的民族风格建筑（如风雨桥、鼓楼、清真寺、喇嘛寺、围楼等）

外国风格及中外结合风格的建筑

7. G 类：其他

无法列入上述各类的文物，如出土数量较多的第四纪古生物化石地点、文物窖藏和重要文物出土点；有文物或标志物的重要的少数民族传统节日活动场所等。

长城的分类，根据其总体保存的状况、图集体例要求并考虑到编制工作的方便，明代以前的长城归为 A 类，明代以后的长城归为 C 类。

四、《图集》原则上收录经文物调查确定的全部不可移动的文物。

1. 古代文物（古遗址、古墓葬、古建筑、石窟寺、石刻等）的下限一般到 1911 年。其中某些时代较晚、价值较低、数量较多的古文物，如清代一般性遗址、墓葬、民宅、碑刻等，可根据本辖区的实际情况，适当收录有代表性的。

2. 近代文物的时限为 1840~1949 年。所收文物中涉及人和事件的，应具有县以上范围影响。中华人民共和国成立后的文物，只收录已公布为各级文物保护单位者。

经过考古发掘，发表过简报、报告和文章或留有科学记录资料而原址已无文物的古遗址、古墓葬应予收录；虽已拆除但保存有科学档案资料的重要古建筑、石刻等，应予收录。这些文物收录时放在所属类别的最后，只编顺序号，不编分类号。

整体搬迁的古建筑在新址收录，在简介中注明旧址。局部搬迁的古建筑、单体墓、碑刻，归原址收录，在简介中注明新址。原址不详的著名碑刻，可收录在 D 或 E 类最后，只编顺序号不编分类号，现存场所写入说明栏内。

水库淹没区内已查明的文物点在原址收录。

文物窖藏和重要文物出土点，在原址收录，只编顺序号，不编分类号。

未保留遗迹、遗物（包括标志物）的古战场及其他场所，不予收录。

五、编委会负责制订《图集》体例、总体设计及各分册图稿的审定工作。各分册编委会负责本分册的内容编写、原图编制和初审工作。制图设计由分编委和出版部门共同制定。

第二章　文物地图

六、文物地图的底图应选用本辖区资料最新的地图或行政区划图。图的后期制作由出版部门负责，底图的编制以文物点位置准确为基本要求，不要作复杂的技术性加工。

七、文物地图内容：

1. 序图：

包括本辖区在全国的位置、地形、政区、交通等图。根据本辖区情况，在序图后面可加用若干幅历史沿革图作为参考图。

2. 专题文物图：

（1）全国重点文物保护单位和省、自治区、直辖市文物保护单位分布图。名单可作为附录，放在简介后面。

（2）已发掘的古遗址、古墓葬分布图。

（3）突出反映本辖区文物特点和分布规律的专项或某个时代的文物分布。例如：仰韶文化遗址分布图、古瓷窑址分布图、石窟寺分布图、古塔分布图等。

每幅专题文物图附 1500 字左右的说明，内容主要概括该项文物分布及发展变化的规律、特点。

专题图原则上应标注全部有关文物点，如文物点过多，可在图面上仅标注主要文物点的名称，或酌予删减。

3. 文物分布图：

反映本辖区内文物分布状况，一般一县（市）一幅。文物较多、分布密集的区域，可加放大图，或按地域分幅（不按文物类别分幅）。文物数量少的县，可两县或多县合为一幅。县图中应附城区放大图，并标出文物点、文物机构的位置。

直辖市城区按区划分图幅，其他城市的城区原则上不按区分幅，情况特殊的可酌情分幅。

历史文化名城可附城市历史沿革图。重点街区以及分布范围较大的文物群体，应标出范围与名称。

4. 重点文物图：

各分册可从全国重点文物保护单位和省、自治区、直辖市文物保护单位以及其他重要文物考古发现中精选 30～50 处文物，编制重点文物图。每幅图的文字说明 400 字左右。应灵活利用平面图、立面图、鸟瞰图、复原图、历史地图、彩色与黑白照片、拓片等多种形式表现文物的布局、结构、风貌和特点。要突出反映文物本身的历史、科学和艺术价值，避免成为旅游风光介绍。

八、文物图例：

各分册使用统一的图例（见附录）。

个别省、区、市某类特殊文物，需另增加图例者，报编委
会同意后使用。

图中符号以大小表示文物保护单位的级别；以颜色区分文
物的时代。时代分为石器时代；夏商至战国；秦汉至南北朝；
隋至五代；宋、元、明、清；近、现代七段。

第三章 文物单位简介

九、"简介"的编排：

"简介"原则上按县级行政区编排，直辖市城区以区为单
位，其他城市的城区一般不分区排列。各分册市、县的排列按
省、自治区、直辖市政府公布的顺序为准。

十、"简介"栏目内容：包括编号、名称、位置、时代、
文物保护单位级别、说明、备注。

1. 编号：文物编号含顺序号和分类号。

（1）顺序号是全部文物点的自然数排列：1、2、3、
4……

（2）分类号为各类文物的顺序号，按本细则规定的七大
类冠以英文字母的类别代号，如 A_1、A_2、B_1、B_2 等等。每类
中按时代早晚顺序排列，不按小类排列，时代相同的按小类
排列。

文物以处为单位，有内在联系、相距不远的若干文物点应
作为一处收录，一些附属文物应归入主体文物，不单独收录
（如附属于古建筑或墓葬的石刻等）。一处文物范围较大、内
涵丰富，可分区或将某些重要文物列为子目，不另编顺序号和

分类号。历史文化名城中公布保护的成片街区按 C 类作为一处收录，所包括的各级文物保护单位可在各所属类别内另列条目，并在说明栏内注明。图上可酌加扩大图表现。

长城类文物以县为单位编号收录，中断较长的各段可列子目。作为行政区划分界线的内外两侧，可各自编号收录，在备注中分别注明，长度和起止计算上不得重复或矛盾。不同时代的长城除完全重叠者外应各自编号收录。与长城相关联的相距不远的城堡、烽火台等建筑物应归入长城作为一处收录，必要时可下设子目。以壕堑、山、河作为长城的地段也应加以收录并标图。距长城较远的或独立的烽火台应尽量成组成段收录，参照长城分类分别归入 A 类或 C 类。运河、古道类的收录编号依此处理。

一些风景名胜区内有数量较多的古建筑，应按原组合分别收录，不要以××建筑群予以混收。

跨县市分布的一处文物，在有关县、市分别编号收录。个别文物保护单位包括文物点距离过远、分属不同类别（如安徽明中都及皇陵石刻）可分别编号收录，按实际位置标图。以上情况应在备注内说明，统计时不得重复计算。

一处文物只能有一种分类，如包含两种以上类别的文物（如既是革命活动旧址，又是古建筑者），按文物的主要性质分类，在简介中按主次分别介绍。

2. 名称：应尽量以本名（学名）或约定俗成的名称定名。同一县内的文物单位名称不得相同。如关帝庙、清真寺、教堂等，应用本名或前面加地名予以区分。带有侮辱性质的名称不得使用。

（1）本名（学名），指匾额、碑碣、文献等记载的名称。例如华阳故城、安济桥、开元寺、颐和园。

（2）同一文物有本名（学名）与俗名，采用本名（学名），俗名在说明栏内说明。

（3）同一文物有别名，应择其重要者在说明栏内加以说明。例如避暑山庄，也叫热河行宫或承德离宫。名称费解或容易误解者，在说明时首先予以解释。

（4）各级文物保护单位的名称，原则上应按照原公布名称收录，个别名称不科学的，应争取原公布机构予以正式修正。如完稿之日尚未履行正式修正手续者，则仍使用原公布名称，后面用括号注明应修正的名称。

（5）古遗址、古墓葬、古建筑等，原名不详者，以所隶属的村、镇、街道或自然地名命名。某个村庄附近有数处同类文物时，可用村以下的居民点、小的自然地名命名，也可加方位区别。不要用机关单位名称命名。

（6）古遗址、古窑址等，直接称某遗址、某窑址，不加古字。城址确知原名者称××故城，如赵邯郸故城，不知原名的用地名命名，称××城（堡、寨）址。

（7）墓主人明确的墓葬，以姓氏定名，如×××墓或×氏墓地，其他以地名命名；墓群通常称××墓群；单体墓则在墓字前冠以时代，如××汉墓。归入 B 类的僧人墓，用原名（法号等）命名，或在地名后加"僧人墓"。一些为考古界惯用的特殊类型的遗址和墓葬，如洞穴遗址、崖墓、悬棺葬等，可在名称中使用。

（8）历代长城（形制特殊者，如金界壕、清柳条边除外）统称长城。归 A 类的名称后加"遗址"二字。归 C 类的名称前面加时代，后面加××段或××关，原名称写入说明栏。烽火台，南北朝以前的称烽燧，隋唐以后的称烽火台。归 A 类者名称后加"遗址"二字。

（9）石刻类：用首题命名，或按内容予以简化定名。如首题为"大明创修正觉禅寺碑记并序"，可定名为"创修正觉寺碑"。

（10）近现代旧址类：应以具体的机构或事件命名，避免使用含糊不清的地名（如抗日根据地等）。某机构或事件包含几处旧址的，前面可加地名，以示区别。此类名称的简化，应根据有关文件的规定。

故居一般指出生地及幼年居住地，其他居住地称旧居。

3. 位置：以距文物最近的居民点、山水、永久性建筑物等为坐标基点，说明文物所在的方位、距离。

居民点用乡、村等名称，不再用公社、大队、生产队名称。

地名及归属，以民政部门及地名办公室的规定为准。

（1）方位：用东、南、西、北，东南、西北、东北、西南表示。

（2）距离：1 公里以内的用米，1 公里以上的用公里，如××村东 150 米，××村西南 1.5 公里。

古墓葬和某些古遗址、塔基等的方位、距离，出版时从略，以利保密。

4. 时代：文物时代要力求准确。原始社会用旧石器时代和新石器时代，化石出土点用第四纪或第四纪××世，历史朝代用中国历史年表的纪年。边疆地区汉代以前难以确定历史纪年的，可用青铜器时代，个别可用××世纪表示。某文化遗存跨石器时代和青铜时代时，在时代栏内填"新石器时代——青铜时代"，不填"铜石并用时代"。

一处文物包括若干时代，应全部注出，用顿号间隔，"代"字可省略，如"唐、元、清"。

古代文物，时代栏内只填写历史朝代。不能确认某个朝代的，可以标出幅度，如唐—宋。知其具体年代的在说明栏内注明。

近现代的文物，原则上写具体年代。1840~1911年用清代纪年，括号内注公元纪年。1911年以后的一律用公元纪年。少数不能确定具体年代的，可以填写清或民国，不得使用近代、现代字样。名人故居、旧居的年代，指该人诞生或居住的年代。旧址年代，指事件发生的年代。故居、旧居、旧址建筑的年代写入说明栏。名人墓、烈士墓的年代，指埋葬年代，后经迁建者，以迁建年代认定，原年代写入说明栏内。

个别无法断代的文物，年代可以不填。传说名人墓的年代不填。有关推测及依据写入说明栏内。

古建筑类现存全部建筑物的年代应全部注出。按原状迁建的古建筑，填原建年代，迁建年代写入说明栏内。

历史朝代称谓，具体使用方法如下：

（1）历代皇朝称代不称朝，如：唐代、宋代、元代、明代、清代等，不称唐朝、宋朝、元朝等。

（2）夏代：使用从严掌握。

（3）商周：年代明确的分别称为商、西周、春秋、战国，不能确指的可称为商周、周、东周。

（4）汉代：分为西汉、东汉，不能确指的，统称汉代。

（5）三国：分为三国魏、三国蜀、三国吴，不能确指的统称三国。

（6）晋代：分为西晋、东晋，不能确指的统称晋代。

（7）南北朝：北朝各代分为北魏、西魏、北齐、北周；南朝各代分为南朝宋、南朝齐、南朝梁、南朝陈。不能确指的可统称北朝、南朝或南北朝。

（8）十六国：能确定时代或国别的可明确写出"十六国××"，不能确定的统称十六国。

（9）五代十国：能确定时代或国别的，可明确写出，不能确定的统称五代十国。

（10）宋：分为北宋、南宋，不能确指的，统称宋代。

（11）历史上影响较大、时代明确的地方政权如渤海、南诏、大理、西夏的年号直接使用，括号内加注公元纪年。

5. 文物保护单位级别：文物保护单位填表时应写全称，不能用简称。例如：全国重点文物保护单位、省文物保护单位，不能简写成"国保"、"国家级"、"省保"、"省级"。

一处文物保护单位同时具有几种保护级别的，填写文物保护单位级别时，只填写最高一级级别。

　　一处文物包括若干不同级别的文物保护单位时，在子目中分别写明。

　　6. 说明："说明"是对该文物基本状况的概括叙述，要求资料准确，用语规范，表达简明，字数不超过150字。内容主要包括：面积、范围、尺寸、特点、价值和是否发掘、维修、搬迁等。与重要历史人物有关的文物，对人物一般只作身份和与文物有关的史实简介（生卒年、籍贯、最高职务及主要事迹），文字要简练。重要历史事件、人物的定性以有关规定和权威著作为准。

　　A类内容要点：

　　（1）面积范围（有些可加地形地貌简介）。

　　（2）考古发掘与重要调查时间；考古学文化命名的地点须予说明。

　　（3）文化堆积和主要遗迹。

　　（4）文化遗物（质地、纹饰、器形等），遗物丰富的可分类综合介绍，遗物少的可突出典型器物。包括若干时代的，遗物应分别介绍。

　　（5）文化属性等。

　　城址需介绍平面形状及尺寸（长、宽、周长）、城墙、城门、城濠的形制及构筑方式、城内外遗迹、遗物等；故城应有沿革及依据。

　　窑址需介绍窑炉、窑具及产品种类并指明窑系。

　　B类内容要点：

　　（1）墓主人明确的墓，先简介墓主人生平，传说名人墓需写明依据。

（2）分布、范围、面积。

（3）布局（建筑物、墓碑、石像生等）。

（4）墓葬形制（封土、墓室、棺椁、葬式等）。

（5）发掘或采集的随葬器物、墓志等。

为了利于保密，墓葬的保存情况与出土贵重器物等情况，可不写或从略。

C类内容要点：

（1）历史沿革和重大维修的年代，现存主体结构的年代。

（2）方向、范围、布局。

（3）单体结构（包括面宽、进深、台基，屋顶、梁架、斗拱、藻井、门窗等）。

（4）壁画、塑像、匾额、碑刻等附属文物。

宫殿庙宇类群体建筑的描述顺序，一般为先整体布局，后单体建筑。塔类描述顺序依次为塔基、塔身、塔刹。桥应简述构造类型和特点、走向、长宽、净跨、矢高及桥面、栏杆、桥头碑亭等。

D类内容要点：

碑刻：

（1）位置与分布，变迁情况。

（2）形制，必要的尺寸（首、座；高、宽、厚）。

（3）首题、额题、年代。

（4）碑文（碑阳、碑阴、碑侧）行数、字数、书体及主要内容，撰者、书者、刻工等。

（5）石雕技法、特点。

石窟、造像：

（1）分布、范围。

（2）形制及必要的尺寸。

（3）造像布置及内容、技法。

（4）题记、壁画、碑刻等附属文物。

E 类内容要点：

近现代重要史迹：

（1）简介有关的人物或事件。

（2）史迹本身的形制、特点、现状及历史价值。与人物或事件有关的史迹，要写明某人在此居住或事件发生的时间、主要活动和事件经过。

F 类内容要点：

（1）沿革。

（2）建筑特征、风格及现状。

G 类内容要点：

（1）发现情况。

（2）遗迹、遗物状况。化石点要介绍地层情况与化石种属。

7. 备注：已发表的主要文献目录和其他需要说明的问题。

第四章　其　他

十一、核实资料：文物地图和"简介"所用资料要求准确可靠，编制单位应对资料反复核实。

十二、数字写法：尽量采用阿拉伯数字。

1. 表示数量的数字

（1）万以下的直接写出，例如 2530。

（2）万以上的用万和亿为单位。例如：2 万、300 万（不写 3 百万）、2.5 亿。

（3）精确数字应全写出，例如：××古遗址面积"3500 平方米"，定县开元寺塔（料敌塔）高 84.2 米等。

（4）大约数一般也用阿拉伯数字表示。例如：400 多平方米、约 1.5 万平方米。

2. 表示时代数字：用阿拉伯数字，例如 15 世纪、19 世纪 40 年代、1949 年 10 月 1 日等。

（1）年代起讫用起止号"～"。例如：17～19 世纪。1927～1949 年。

（2）公元使用法：

公元前世纪、年代要加"公元前"，例如：公元前 17 世纪、公元前 221 年。连续使用时，后面的世纪或公元不加"公元"字样，例如：公元前 17 世纪～前 11 世纪、

公元前 221 年～前 206 年。

公元后 100 年以内应加"公元"，例如公元 5 年、公元 99 年。公元后 100 年以后的年代一般不加"公元"字样，如 618 年。

起讫年代跨公元前后，应写作：公元前 206～公元 25 年。

3. 朝代年号用汉字表示，例如：清乾隆六十年正月初一。

4. 人物生卒年代、年龄等用阿拉伯数字，在括号内注明生卒年代时不加"年"字。例如：李大钊（1889～1927）。

5. 表示数量起讫用 "—" 号。例如：10—23，81—95。

十三、计量单位、符号、代号的使用方法：

1. "简介" 采用我国法定计量单位，一般用中文单位名称。例如：米、公里。

2. 表示计量的数字与单位不应交叉使用。例如：高：5.2米，不应写作 "5 米 2"。

十四、文物地图和 "简介" 应使用简化字，并以国家语言文字工作委员会 1986 年 10 月重新发表的《简化字总表》为准。如用简化字确易发生误会的，可使用繁体字，在其后的括号内注音。

十五、《图集》所用资料的截止日期，各分册由各省、自治区、直辖市文物部门确定。一般应截止该分册交稿的前一年；下半年交稿的，也可截止上半年（6 月 30 日）。

图　例

文物符号 文物类别	文物保护 单位级别	全国重点	省级	市县级	未定级	文物时代
古遗址	洞穴和聚落址					石器时代
	古城址					
	长城遗址					夏—— 春秋
	古道遗址					
	古窑址					
	其他古遗址					

续表

文物类别 ＼ 文物符号 ＼ 文物保护单位级别		全国重点	省级	市县级	未定级	文物时代
古墓葬						战国——南北朝
古建筑	木构建筑					
	古塔、经幢					
	古桥					隋——五代
	古城					
	长城					
	园林					宋、元
	其他古建筑					
石窟寺及石刻	石窟寺					
	石刻					明、清
	岩画					
近现代重要史迹	革命史迹					
	其他重要史迹					
近现代代表性建筑	中国各民族的民族风格建筑					近、现代
	外国风格及中外结合风格的建筑					
其他文物						

作者小传

李晓东，男，字应震，又字启明，1936年4月出生于山西省芮城县曲里村。中共党员。1956年从河南省陕县（今河南省三门峡市陕州区）高中毕业考入北京大学历史系，后选学考古专业。1961年从北京大学历史系考古专业毕业后，一直从事文物考古研究和文物保护管理工作。曾任河北省文化局文物工作队队员、河北省文化局文物干部，河北省文物事业管理局副局长、局长，国家文物局研究室主任、法制处处长、巡视员和综合财务司负责人。兼任国家文物局《中华人民共和国文物保护法》修订顾问和制定《中国文物古迹保护准则》顾问，北京大学考古文博学院（中国文物博物馆学院）发展指导委员会第一届委员会委员、秘书长，国家文物局文物博物馆系列高级专业技术职务评审委员会委员、副主任等职。受聘研究馆员、兼职教授、享受国务院政府特殊津贴专家。还是中国考古学会会员、中国政策科学研究会第一届理事会理事、中国文物学会第5～6届理事会副会长、中国文物保护基金会第三届理事会理事、中国古迹遗址保护协会顾问委员会委员、中国食品文化遗产专家委员会委员、文化遗产保护规划国家文物局重点科研基地（中国建筑设计研究院）第一届学术委员会委员等。现为中国文物学会顾问。

2011年是李晓东从事文物考古研究与文物保护、管理实践和研究50周年。50年来，他一直勤勤恳恳、兢兢业业从事自己的工作和研究，取得了一系列重要成果。集中起来，最重要的是在构建和不断完善文物学科和文物保护十大体系建设方面的突出贡献。十大体系是文物学学科体系、文物核心价值体系、中国特色文物保护理论体系、文物保护体系、文物保护单位防范体系、文物科技保护体系、文物标准体系、文物合理利用体系、文物法律体系和文物管理体系等。它们之间有些是层级关系，有些是交叉关系。其内容体现在李晓东多种著作和一系列论述文章中。

20世纪60年代初，李晓东参加燕下都遗址勘探和试掘工作，撰写了《河北易县燕下都故城勘察和试掘》，刊于《考古学报》1965年第1期。它总结了当时燕下都工作所取得的学术成果，是较早的大型城址考古报告。此后，他与石永士先生撰写了考古报告《燕下都》（上、下册），系统总结了几十年来燕下都考古勘探和发掘的学术成果。在考古工作方面，他还具体主持了定县（今河北省定州市）三盘山汉中山王室121号墓的发掘，参加了定县八角廊汉中山王墓发掘以及其他一些考古调查、发掘工作。

1964—1965年，李晓东曾有一段时间参与承德避暑山庄和外八庙修缮工程工地的一些工作，有机会向工程技术人员和技术工人学习，亲自实践了木工、瓦工和大锯工等不同工种的一些工序。既巩固和提高了在大学学习的古建筑课的知识，又经过实践，学习和掌握了古建筑修缮工程管理的一些方法。随后相当长一段时间又在解决避暑山庄保护问题和进行避暑山庄、外八庙整治工程方面做了大量工作。

在河北工作期间，他对许多重要文物古迹进行了调查，是《可爱的河北》（第1版）和《河北风物志》的主要作者。在书中重点概述了文物考古成果和重要文物史迹的历史、艺术、科学价值。前者书稿约10万字，约为全书的六分之一；后者书稿约7万字，约为全书的五分之一。他还撰写了《河北名胜古迹》一书，发表文物考古方面的文章多篇。

1990年出版的《中国文物学概论》是研究文物学学科体系、理论与方法和主要内容的专著，填补了我国文物学空白，对文物学科建设和发展具有重要意义，产生了较大影响，受到了专家学者和文物工作者的积极支持和充分肯定。《文物天地》编辑部借《中国文物学概论》出版之机，邀请著名学者苏秉琦、黄景略、李学勤、李伯谦、史树青、孙机、王士伦等先生对"概论"进行笔谈。蒋若是先生在《中原文物》发表《〈中国文物学概论〉评述》，朱启新先生也发表了书评。他们都对"概论"给予肯定，并对文物学学科建设寄予厚望。中国文物报社在2001年举办的评选20世纪文物考古最佳图书活动中，《中国文物学概论》被读者评为最佳图书。

近年来，他在"概论"的基础上撰写《文物学》（2005年出版）。第一，对"概论"框架作了调整、补充，形成《文物学》新的框架体系；第二，新增加了文物定名、古书画、古文献、近代现代文物等 5 章 17 节；第三，对"概论"的内容作了修订，如"文物管理"一章以新《中华人民共和国文物保护法》为准作了修订等，从而使《文物学》结构体系进一步合理、完整，内容进一步充实、丰富。2005 年《文物学》出版后受到普遍好评，一些大学相关专业将其作为教材，到2017 年已第 6 次重印。文化部副部长、故宫博物院院长郑欣森在中国文物报发表了《构建文物学科的一部力作——推荐〈文物学〉》，文物出版社总编辑葛承雍教授在《光明日报》发表了《彰显奠基性工程的文物学著作》等书评，对《文物学》给予肯定，并希望不断完善文物学学科。郑先生对《文物学》印象比较深的有三点："其一，对文物基本理论的探索较为深入。""其二，重视总结和反映文物工作新的观念和实践经验。""其三，坚持以《中华人民共和国文物保护法》为依据并努力探索创新。"他认为："《文物学》是一部值得肯定和推荐的好书。"同时，他对文物学科建设提出了殷切希望，"我们希望有更多的同志以对文物保护事业的热情与执着，注重研究问题，总结新鲜经验，并努力从理论上进行探索，写出更多更好的文物科学著作。"葛先生在书评中指出："作者在文博行业担任领导工作多年，毕其一生的学术钻研和实践积累，力图构建文物学科理论。因此，他撰写该书时，就不是论述具体文物或一件藏品，而是对文物学框架体系进行构建，阐述一个学科的系统。作者思考的主要问题是把学科框架体系构建完善起来，抱着建设一个学科的历史使命去认真实践，所以对文物学的任务、研究对象和研究方法均贯穿全书，作出了清晰的论述。"因此,他对《文物学》总的评价是"突破制约瓶颈重新起步的开拓之作,更是一部彰显奠基性工程的文物学著作"。

李晓东曾担任《中国大百科全书·文物博物馆》文物编辑委员会委员兼文物管理分支主编,并撰写了文物概论分支全部综合条目和文物管理分支部分条目释文。他还担任大型系列工具书《中国文物地图集》编辑委员会委员,起草了中国文物地图集编制细则草案。《中国文物地图集》以地图语言表现丰富多彩的不可移动文物内容,是一项重要的文化建设成果。前些年又发表文物学科研究论文等多篇,其中如《论文物的特性》一文被《新华文摘》全文转载。

《文物法学:理论与实践》(1996 年出版)集中反映了作者在文物法学领域和文物保护管理方面研究的主要成果,其中提出了文物法学和文物法律体系概念和框架,并对其进行了论述,对我国文物法制建设具有重要意义和深远影响。另一部专著《文物保护管理概要》(1987 年出版)和参加撰写并主编的《文物法规与文物管理》,以《中华人民共和国文物保护法》(以下简称《文物保护法》)等法律法规为依据,结合实践经验,从理论和实践相结合的高度对文物法规和文物管理进行了论述。1987 年,著名文物保护专家谢辰生先生在《文物保护管理概要》一书序言中指出:这是"他二十多年实践经验的总结。此书对文物工作的基本规律和文物工作的方针政策作了比较全面地阐述,提出了自己的见解。这对广大文物工作者,特别是刚刚走上文物工作岗位的新同志无疑是很有帮助的"。同时还指出"李晓东同志这部著述，还是新中国成立以来第一部系统论述有关文物工作的书"。谢先生还殷切希望"广大文物工作者通过自己的实践，能够不断地总结经验，开展理论研究，为建立具有中国特色的文物保护管理学而努力探索。我们相信，随着人们对文物保护管理工作规律性认识的不断深化，经过大家的共同努力，这个目的是一定能够达到的"。

他在 1986 年撰写的《谈谈文物保护与保持原状》一文中写道"还有馆藏文物保持原状的问题"，提出了可移动文物保持原状的问题。在《文物保护管理概要》一书的第二章第七节"文物保护与保持原状"中，最后一部分为"馆藏文物的保护与保持原状"。其中写道"对它们的保护也必须坚持保持原状的原则"；"馆藏文物有青铜器、陶瓷器、铁器、金银器、玉石器、玻璃器、漆器、竹木牙骨器、纺织品、书画、货币，等等。它们的质地、类别不同，在保护、维修时，要根据其质地、形制、用途和特点，或采取常规方法和传统技术，或采用现代技术，都要遵守保持原状的原则，以保持其原来的工艺和历史价值"。馆藏文物保护、维修时应保持原状原则，为实践证明是科学的、正确的原则。只有如此，才能保持其所包含的信息的科学性、真实性和完整性。2002 年《中华人民共和国文物保护法》（以下简称《文物保护法》）规定"修复馆藏文物，不得改变馆藏文物的原状"，作为保护修复馆藏文物的法律准则。

他还与谢辰生先生合作撰写了《中华人民共和国文物保

护法释义》，是对 1982 年《文物保护法》条款释义的重要文本，对学习、贯彻《文物保护法》发挥了重要作用。1982 年公布施行的《文物保护法》，把文物工作纳入了法制轨道，文物工作有了法律保障，促进了文物保护事业的发展与繁荣。但随着社会经济发展，出现了一些新情况和新问题，需要对《文物保护法》进行修订。1996 年冬，他起草了修订《文物保护法》的指导思想和原则与修订的三个重要方面，之后具体主持起草了文化部报国务院《文物保护法》修订草案。后来作为国家文物局《文物保护法》修订顾问，一直参与这项工作，从理论和实践方面为《文物保护法》修订做出了贡献。2002 年 10 月 28 日，九届全国人大常委会第 30 次会议通过了《中华人民共和国文物保护法》修订草案。为了学习、宣传、贯彻新《文物保护法》，他又不失时机地撰写了《文物保护法概论》一书，于 2002 年 11 月出版，是最早论述《文物保护法》的专著。原国家文物局顾问、中国文物学会名誉会长谢辰生先生为"概论"撰写了序言，对该书给予了很高评价。谢先生在序言中写道："他是制定原《文物保护法实施细则》初稿的起草人，又是修订《文物保护法》工作全过程的参与者。这部《文物保护法概论》有一个显著特点，就是作者不是对新《文物保护法》的条款逐条逐句地进行具体释义，而是从宏观上阐述了文物的定义、特性、价值和作用、立法宗旨以及规定各种管理制度和措施的原则，用以说明新《文物保护法》各项规定的必要性和合理性。因此，对当前学习、宣传新《文物保护法》而言，《概论》是值得推荐的一部很好的辅导读物。它可以帮助人们更好地理解新《文物保护法》内容的精神实质，提高人们正确贯彻执行新《文物保护法》的自觉性。"许多省、自治区、直辖市把"概论"作为学习新《文物保护法》的辅助读物，或作为培训班的教材，受到普遍好评。

20 世纪末以来，他又陆续发表文物法学与文物保护管理等方面的论文和重要文章三十多篇。其中参加"改进中国自然文化遗产管理"国际学术会议的《论文物参观场所门票的性质与作用》论文被多家报刊选用；在纪念避暑山庄肇建 300 周年举办的"承德世界文化遗产国际论坛"上的《中国世界文化遗产的法律地位》，在国际古迹遗址理事会 2005 年在西安召开的第 15 届大会暨学术研讨会上的《中国古迹遗址环境法律保护》等论文和刊于《中国文物报》的《非物质文化遗产特性观察》、《关于建立博物馆定级制度》等都取得较好反响。它们已被收入 2007 年出版的《文物与法律研究》一书。

由他主持完成的国家文物局重要社科项目"文物保护单位防范体系研究"课题，在课题组同志大量调查研究和专题研究的基础上，他撰写了最后的研究报告，第一次系统地构建了文物保护单位防范体系框架，阐述了内容，取得了重要成果，国家文物局组织专家委员会通过评审验收，给予了较高评价。后由他主编，将课题研究所有成果收入 2007 年出版的《文物保护单位防范体系研究》一书。国家文物局原副局长、中国文物保护基金会理事长马自树在为该书撰写的序言中指出："对文物保护工作来说，这是一个值得重视的报告。""首先（《研究报告》）具有极强的实践性。""其次，《研究报告》逻辑严密，构建的文物保护单位防范体系框架具有很强的实用性。""再次，《研究报告》颇具前瞻性。""总之，《研究报告》文风朴素，功底扎实，立论有据，体系科学，实用性强。应引起文物主管部门和文物保护单位的重视。"

2006 年是他考入北京大学历史系学习考古和从事文物考古工作 50 周年。为了纪念 50 年的学习和工作，他出版了《文物与法律研究》一书，分为七部分，即文物与考古、文物学研究、文物法学研究、文物保护与管理论述、遗产观察、博物馆管理论述、图书评介。大部分文章是 1997 年以后发表和尚未发表的著述，一些文章是根据文物工作中面临的主要问题，从理论和实践相结合，从中国国情出发撰写的。例如，当一些地方将文物保护单位门票与旅游企业捆绑进行经营时，撰写了《论文物参观场所门票的性质和作用》《"所有权与经营权分离"和文物保护单位管理》和《论文物业和产业的关系》。面对田野文物被盗窃盗掘严重，在完成课题研究的基础上，撰写了研究报告《文物保护单位防范体系研究》和专题研究《文物保护单位古建筑塑像安全问题与技防设施建设对策研究》等。在文物法学研究部分，有与谢辰生先生合作撰写的《中华人民共和国文物保护法释义》，有学习、贯彻新《文物保护法》的《新〈文物保护法〉学习纲要》《学习贯彻〈文物保护法〉及其实施条例提高文物立法质量》和《文物保护工程法律规范概要》等。当物权法草案征求意见时，他撰写了《追索被盗物品条款应注重对文物的特殊保护》和《文物工作者也需关注〈物权法〉草案》等。这些文章具有鲜明的理论性、时代性和实践性特点。国家文物局原局长、中国博物馆学会理事长张文彬在为该书撰写的序言中写道："李晓东同志是我国著名的文物法学专家，是《中华人民共和国文物保护法》（修订草案）主要起草执笔者之一，在长期文物工作实践中，为我国的文物保护事业，特别是文物法规建设作出了重要贡献。""实事求是地说，修订草案反复研讨，在某种程度上也反映了李晓东同志和起草小组在学习运用法学理论指导文物法制建设方面所取得的新成果。""李晓东同志这部论文集集中反映了他对文物法学的探索和研究取得的新成果，体现了一个文物工作者艰苦跋涉、不断攀登的努力过程。这本论文集是作者继《文物保护法概论》《中国文物学概论》《文物学》和《文物法学：理论与实践》等著作之后，又一部力作。"

在文物法规建设中，他起草或参与起草、制定了一系列文物政策和法规。如参加了《中华人民共和国文物保护法》的制定与第30条、第31条修改工作，具体主持起草了报国务院的《中华人民共和国文物保护法》修订草案；先后起草了《河北省文物保护管理条例》和《中华人民共和国文物保护法实施细则》等草案。他两次参加国际统一私法协会召开的讨论、修改、制订关于被盗或者非法出口文物公约草案的政府专家委员会会议，1995年6月又作为中国政府代表团成员参加了通过该公约草案的外交大会。这是我国直接参加制定的第一个保护文物的国际公约。主持选编了《中华人民共和国文物法规选编》（二），其结构和内容体现了文物法律体系的特点和观点。

为了向我国介绍国际保护文化遗产的法律，以便学习和借鉴，同时遵守中国参加的国际公约，按照国际公约规定保护文物，他主持选编、出版了《国际保护文化遗产法律文件选编》（1993），联合国教科文组织法律专家对此十分赞赏，在国内也受到普遍好评，被广泛引用。此后，他还主持选编、出版了《外国保护文化遗产法律文件选编》（1995），以了解外国保护文物的法律，借鉴其立法角度和技巧等。这两部书是国家文物局法制部门第一次全面地介绍了国际组织和一些国家保护文化遗产的法律，对我国文物法制建设产生了积极影响。

为了学习贯彻《文物保护法》及其第30条、第31条修改决定和《刑法》补充规定，国家文物局于1991年10月在泰安培训中心举办了全国省级文物局（处）长法规研讨班，由李晓东主持，并作了《关于〈文物保护法〉第三十条第三十一条修改后的条款的讲解》和《〈关于惩治盗掘古文化遗址古墓葬犯罪的补充规定〉的讲解》。同时，研究了文物行政执法问题。1993年11月，国家文物局在长沙举办了部分省（区、市）文物行政部门文物行政执法培训班，由李晓东主持、讲课。从此文物行政执法进入开创阶段。2002年修订的《文物保护法》为文物行政部门规定了一系列行政处罚条款，确立了文物行政部门的行政处罚权，文物行政执法、督察进入一个新的发展阶段。

他在文物法律法规教育方面做了大量工作，参加撰写并主持编写出版了《中华人民共和国文物保护法讲话》（1992），作为全国文物系统普法统一用书。他在20世纪90年代在北京

大学考古学系为学生讲授文物法规和文物管理课程，在国家文
物局和其他省（区）举办的文物干部培训班讲授文物法规与
管理，或宣讲文物保护法，深受欢迎。

20 世纪末、21 世纪以来，他仍坚持学习、研究，为文物
保护做了不少工作，出版了多种著作：

（一）继续进行文物学和文物法学研究。出版了《文物
学》《文物保护法概论》《文物与法律研究》等。同时，就文
物理论、中国特色文物保护理论与实践等方面进行研究和撰写
文章，如《论文物史迹网》《略论文物核心价值体系》《略论
文物标准体系建设》《中国保护近现代文物理论与实践》《大
型古遗址保护的开创阶段》《文物保护实行公益诉讼的探索》
《学习贯彻〈文物保护法〉进一步加强文物安全工作》《中国
特色文物保护理论研究》等。2012 年出版的《文物保护理论
与方法》一书，收入了这些文章。郑欣森和谢辰生先生分别
为该书作序。郑欣森先生在序中写道："从他的这些丰富成果
中，我感到有以下三点尤其值得重视：一是重视文物学科体系
的构建。日益发展的中国文物保护事业，要求科学的文物保护
理论作指导。但是毋庸讳言，我国的文物保护理论建设还适应
不了这个要求。我们欣喜地看到，有一些人士已在这方面作出
了可贵的努力，而李晓东先生就是突出的一位。他着眼于文物
事业的全局，抱着一种历史责任感，坚持理论和实践相结合，
理论与方法创新，不断提出新的理论和方法，认真构建文物学
科体系。集中起来，最重要的是在构建和不断完善文物学科和
文物保护十大体系的建设。这十大体系是文物学学科体系、文

物核心价值体系、中国特色文物保护理论体系、文物保护体系、文物保护单位防范体系、文物科技保护体系、文物标准体系、文物合理利用体系、文物法律体系和文物管理体系等。它们之间，有些是层级关系，有些是交叉关系，其内容体现在晓东先生多种著作和一系列论述文章中。学科体系的构建是重要的，但又是困难的，也不是一个人所能完成的，需要理论的勇气与理论的功底，需要不断地探索。因此，晓东先生的探索就很可贵，具有筚路蓝缕之功。二是坚持中国文物保护特色理论与方法。晓东先生具有开阔的理论视野，重视学习国外好的做法，坚持国际上达成共识的文物保护的基本原则。但是他认为，国外的东西不能简单搬用，而必须与中国文物特点和中国国情相结合，要尊重中国文物保护的经验与创造，看到中国文物保护理论对世界文化遗产保护理论的贡献，看到文物保护理论中国化，包括话语的表述。这也是民族自信心的体现。他的著作就充分体现了这一点。三是重视文物法规的研究。我国坚持依法治国的路子，随着文物事业的蓬勃发展，文物保护法制建设也显得尤为重要。晓东先生长期从事文物保护法制研究工作，是我国最早研究文物法律制度的学者之一。1996 年出版的《文物法学：理论与实践》集中反映了作者在文物法学领域和文物保护管理方面研究的主要成果，其中提出了文物法学和文物法律体系概念和框架，并对其进行了论述，对我国文物法制建设具有重要意义和深远影响。为了学习、宣传、贯彻新《文物保护法》，他又不失时机地撰写了《文物保护法概论》一书，于 2002 年 11 月出版，是最早论述《文物保护法》的专著。原国家文物局顾问、中国文物学会名誉会长谢辰生先生为该书撰写了序言，给予了很高评价。晓东先生在文物法律建设中的这些努力与成果，越来越受到文博界的重视。"

我国著名文物保护专家谢辰生先生在序言中写道：收入这一部新著的文章，"都是他退休以后近几年针对当前文物工作出现的新情况、新问题，从我国实际情况出发进行研究而撰写的，特别是有的文章还澄清了有些被人误解的概念和事实，很有现实意义，值得我们研究和思考"。他指出"《历史选择了'文物'概念》，是文集的第一篇文章。全面系统地阐述了我国使用'文物'这一概念的发展历史，得出了'文物'概念是历史选择的结论"。他写道"《大型古遗址保护的开创阶段》是又一篇澄清事实的文章……""这部文集是他近几年在总结我国文物工作经验的基础上，针对当前出现的新情况、新问题，从理论上提出他的认识和解决办法，内容是很丰富的，我着重介绍了以上两篇文章，只是为了澄清事实，消除误解"。他最后写道"这个文集的特点是所有文章都是从我国的实际出发，主要是总结自己的经验。事实上，是探索建立中国特色文物保护理论的研究。我期望这本文集的出版能够推动我们文物工作者共同努力，加强理论研究，逐步建立起中国特色的文物保护理论体系和文物保护科学管理体系，为保护我国文化遗产做出贡献"。

俟后，《文物保护理论与方法》一书被评为 2012 年文化遗产优秀图书。

2013 年，李晓东著《民国文物法规史评》出版。他在长期收集积累的民国时期文物法规的基础上，研究撰写民国文物法规史。《民国文物法规史评》一书分为三编，第一编是民国政府初期古物法规肇建，第二编是民国政府时期古物古迹法规发展，第三编是中国共产党和边区政府文物法规创建。三编中收入的文物法律法规文本全文，文本之后是诠释和评析，阐述法律法规重要发展和重要闪光之处。在第二编中，还构建了古物法规体系，即法律法规、民国政府有关部法规（规章）、省政府法规（规章），四个层级。中国共产党和边区政府文物法规创建和开拓，为新中国文物保护和政策法规建设做了重要准备，奠定了基础。

《民国文物法规史评》出版后，马自树和周成先生均撰写了书评，给予充分肯定和很高评价。国家文物局原副局长马自树在《文物法规研究的重要成果》书评中指出："综观上述情况可以看出，无论是民国初年的北京政府、南京国民政府，还是共产党及其边区政府，保护中华民族的历史文化遗产，保护幸存的文物古迹，打击文物犯罪，防止文物破坏和外流，是大家的共识。因此，在他们各自领导的区域，面对艰难困苦的情势，花费很大的力气，制定法律法规，设法保护文物，保护我们文化的根基，这种共同的民族大义，实在值得称许和尊敬！这是其一。""其二，民国时期文物法规对祖国文物之地位及保护文物的意义有准确的阐发……""其三，民国文物法规中，提出许多关于文物保护的名词术语及保护概念保护原则，值得重视……"

马自树先生在书评最后写道："《史评》的作者，不仅为我们梳理了民国文物法规建设的面貌，而且还以他严密的逻辑思维和特有的写作风格，对法规进行逐条诠释，严肃认真，帮助读者对法规有准确的理解；诠释之后还要进行评析，披沙拣金，帮助读者发现法规中一些重要闪光之处。李晓东先生学风严谨，用力辛勤，成就这本好书，难能可贵！值得推荐。"

国家文物局原顾问谢辰生先生在《民国文物法规史评》出版时，年已九旬，未为书作序，题写"重视法规文本，总结历史经验，探索文保规律，促进事业发展"。

俟后，《民国文物法规史评》一书被评为 2013 年文化遗产十佳图书。

2016 年，《新中国文物保护史记忆》出版。谢辰生先生是我们尊敬的老一代文物工作者，从事文物工作近七十年。他是新中国多项重要文物方针政策、法律法规的主要起草人，是新中国文物事业的参与者、践行者，是新中国文物事业史的见证人。为了忠实记录和再现新中国文物保护史，李晓东和彭蕾积极筹划，与谢老商定讲述内容，逐步形成一个基本框架，总题目定为《新中国文物保护史记忆》（以下简称《记忆》）。《记忆》项目由中国文物学会申报，经国家文物局同意。谢老讲述为 12 讲，由李晓东和彭蕾录音、记录、整理。最后形成由谢辰生口述，李晓东、彭蕾整理，金冲及先生作序的《新中国文物保护史记忆》，于 2016 年出版。

《记忆》共 12 讲；附录一为文物保护法律法规文件，有 6 件；附录二为谢辰生致领导书信，有 9 件；附录三为有关专家学者文章，有 7 篇（包括一篇口述文章）。《记忆》出版后，于 2016 年 11 月 23 日举行了《记忆》出版座谈会。会议由中国文物学会副会长、故宫博物院原常务副院长李季主持，参加座谈会并发言的有顾玉才、金冲及、郑欣淼、张自成、耿宝昌、傅熹年、黄景略、张忠培、马自树、彭卿云、孔祥星、董保华、郭旃、单霁翔等。发言的领导、专家学者对新中国文物保护事业的第一部口述史的出版，给予了很高的评价。谢辰生先生出席了《记忆》出版座谈会。参加出版座谈会的还有黄元、张廷皓、安家瑶、孔繁峙、张闿生、许伟、朱晓东、周成、陈华莎、张之平、刘若梅、丹青、王军、彭蕾等（详见中国文物报 2016 年 11 月 29 日第 6 版）。

俟后，《新中国文物保护史记忆》一书被评为 2016 年文化遗产十佳图书。

（二）参与制定文物法规草案论证与对草案提出意见和建议。首先继续参与《文物保护法》修订工作，直至全国人大常委会通过。第二，参与制定长城保护条例的课题，参与长城保护条例草案论证、讨论修改等。第三，对其他法规草案进行研究，提出意见，如对敦煌莫高窟、贵州省等文物保护地方性法规草案提出了意见和建议，国家文物局起草的一些法规草案有的参与论证，有的写出意见。

（三）参与《文物保护法通论》一书撰写大纲的研究和讨论。该书作者（国务院法制办和全国人大教科文卫委有关领导和专家）在后记中写道"最后，我们还要感谢李晓东先生。李先生长期从事文物保护法制研究工作，是我国最早研究文物保护法律制度的学者之一。除参加讨论本书的写作计划外，李先生的著述对我们完成本书产生了深刻的影响"（2005）。

（四）在各种文物保护培训班讲课。例如，在国家文物局分别于中南、西南、东北、西北等地举办的少数民族文物干部培训班讲授"少数民族文物的保护和抢救"课程，在国家文物局分别于北京大学、清华大学、复旦大学、西北大学、中国文化遗产研究院举办的各省（区、市）文物局局长、文物考古研究所所长、古建筑保护研究所所长、文物出境审核机构负责人等培训班讲授文物保护法规课程。2002 年 10 月 28 日修订的《文物保护法》公布后，在一些大学和省（区、市）讲授《新〈文物保护法〉学习纲要》。2008 年 7 月，为北京大学考古文博学院在贵州省举办的考古与博物馆专业研究生课程进修班讲授"中国文物保护法律概论"等。

（五）对文物保护提出意见和建议。例如，2008 年 5 月 12日四川汶川特大地震后，5 月 18 日给中国地震局局长陈建民写信，建议适时选择地震典型性、代表性遗址、遗迹，进行保护，将来可申报省和全国重点文物保护单位；建议适时收集抗震救灾方面面典型性代表性实物、资料，为建立地震博物馆作好准备。陈建民同志回信赞同，并作了安排。5 月 26 日给绵阳市文物管理局局长写信，提出相似建议，并提出保护北川县城地震遗址保护方案，作为地震遗址博物馆，该局回电表示感谢。

（六）宣传文物保护和文物法规。这里主要指接受媒体采访，或做有关节目，如作为中央电视台今日说法栏目嘉宾，对文物保护或文物案件中的文物专业知识和文物保护与法规规定作解读，都产生了积极反响。

（七）李晓东的新著《中国特色文物保护利用之路》由文物出版社收入《李晓东文物论著全集》第 6 卷，在 2020 年出版。全书分为导论、经历自然灾害与调查受损文物、文物保护管理调研、文物建筑整修、文物考古与队伍建设、文物作用体系建设、文物保护管理理论体系建设、文物法学学科建设、文物学学科建设、附录。全书共收录 67 篇文章，除个别文章外，都是 2011 年以来撰写的。有约一半文章是尚未发表的，有些发表的文章在收入该书时作了重要增订等。该书资料翔实，论述有理有据，既有纵深的历史厚度，又有很强的新时代特性，坚持了中国特色文物保护理论、制度和道路。

李晓东从在大学学习考古，并于毕业后从事文物管理工作至今已有 60 多年，在文物学科研究、文物法学研究、文物保护等方面做了大量工作，取得了很多成果，做出了自己的贡献。张文彬先生在《文物与法律研究》一书序言中对他给予很高评价："几十年来，李晓东同志始终如一，致力于文物保护事业。不论是在工作中还是在研究中，他都尽心尽力，一丝不苟，认真负责，精益求精，勇于探索，知难而进。他的埋头苦干、求真务实的作风，给我们树立了一个良好的榜样。"

（山人）